A linguística geral de Ferdinand de Saussure

Conselho Acadêmico
Ataliba Teixeira de Castilho
Carlos Eduardo Lins da Silva
Carlos Fico
Jaime Cordeiro
José Luiz Fiorin
Tania Regina de Luca

Proibida a reprodução total ou parcial em qualquer mídia
sem a autorização escrita da editora.
Os infratores estão sujeitos às penas da lei.

A Editora não é responsável pelo conteúdo dos capítulos deste livro.
O Autor conhece os fatos narrados, pelos quais é responsável,
assim como se responsabiliza pelos juízos emitidos.

Consulte nosso catálogo completo e últimos lançamentos em **www.editoracontexto.com.br**.

Valdir do Nascimento Flores

A linguística geral de Ferdinand de Saussure

Copyright © 2022 do Autor

Todos os direitos desta edição reservados à
Editora Contexto (Editora Pinsky Ltda.)

Montagem de capa e diagramação
Gustavo S. Vilas Boas

Preparação de textos
Do autor

Revisão
Daniela Marini Iwamoto

Dados Internacionais de Catalogação na Publicação (CIP)

Flores, Valdir do Nascimento
A linguística geral de Ferdinand de Saussure /
Valdir do Nascimento Flores. – 1. ed., 1ª reimpressão. –
São Paulo : Contexto, 2024.
160 p.

Bibliografia
ISBN 978-65-5541-230-7

1. Linguística 2. Saussure, Ferdinand de, 1857-1913 I. Título

23-0361   CDD 410

Angélica Ilacqua – Bibliotecária – CRB-8/7057

Índice para catálogo sistemático:
1. Linguística

2024

EDITORA CONTEXTO
Diretor editorial: *Jaime Pinsky*

Rua Dr. José Elias, 520 – Alto da Lapa
05083-030 – São Paulo – SP
PABX: (11) 3832 5838
contato@editoracontexto.com.br
www.editoracontexto.com.br

A uma tal obra apenas convém o elogio
que a explica na sua gênese e faz compreender o seu brilho.

(Émile Benveniste, em *Saussure após meio século*)

Para o Murilo.

Sumário

APRESENTAÇÃO 9

SOBRE AS FONTES SAUSSURIANAS UTILIZADAS 13

PARTE 1
O LINGUISTA E SUA OBRA

Pequena biografia sobre Saussure e sua linguística geral 17

Ferdinand de Saussure: quantos existem? 23

Breve história das fontes saussurianas de linguística geral 49

A gênese da *obra* de linguística geral de Saussure 53

PARTE 2
A LINGUÍSTICA GERAL DE FERDINAND DE SAUSSURE

A linguística geral 69

A linguística geral de Ferdinand de Saussure 77

A linguística saussuriana é uma teoria do sentido 139

Apêndice: breve nota sobre Saussure e o estruturalismo 143

Referências 153

O autor 159

Apresentação

Este livro é simples e tem objetivo simples também: apresentar ao leitor brasileiro os contornos da *linguística geral* de Ferdinand de Saussure (1857-1913). O ponto de vista a partir do qual fazemos isso, porém, requer alguma atenção.

Em primeiro lugar, na atualidade, impõe-se reconhecer a multiplicidade da produção intelectual saussuriana, o que implica admitir que Saussure pesquisou em diferentes frentes. Nesse sentido, nem tudo o que Saussure produziu pode ser incluído no âmbito da sua *linguística geral*. A obra saussuriana é vasta e engloba, além de questões de linguística geral, questões filosóficas, literárias e das ciências humanas em geral. É necessário, portanto, fazer recortes para estudá-la.

Nessa direção, o livro que ora apresentamos ao leitor expõe um conjunto de argumentos que possibilitam delinear apenas a *linguística geral* de Saussure, distinta que é, segundo pensamos, do restante de sua produção. Esse é um ponto de vista metodológico determinante de tudo o que é aqui exposto. Dito de outro modo, todos os capítulos a seguir dizem respeito a esse prisma: certamente, muito haveria para ser apresentado sobre a vasta produção intelectual saussuriana, mas limitamo-nos ao que pode ser considerado básico para compreender a reflexão voltada ao que se consagrou sob o rótulo de *linguística geral*.

Em segundo lugar, e talvez o ponto de maior importância aqui, propomos um entendimento da *obra* de Saussure que visa articular os dois livros póstumos em circulação no mercado editorial que são atribuídos ao linguista[1]: o *Curso de linguística geral* (CLG)[2] e o *Escritos de linguística geral* (ELG).

Nesse sentido, fazemos, conscientemente, uma manobra arriscada, uma vez que não desconhecemos a crítica que a filologia especializada dirige a esses dois livros, em função dos efeitos causados neles pelos processos de edição que sofreram. Justificamos, adiante, essa tomada de posição com argumentos teóricos e sociais.

O fato é que ambos os livros são facilmente encontrados nas estantes de nossas livrarias e bibliotecas; ambos estampam o nome de Saussure na capa, na condição de autor; ambos estão presentes na pesquisa e na formação acadêmica de linguistas (e isso não somente no Brasil); é justo, portanto, que ambos sejam avaliados de

10 A linguística geral de Ferdinand de Saussure

maneira cautelosa e aprofundada, para que possam, efetivamente, contribuir com a discussão acerca da linguística existente entre nós. Isso é o que buscamos fazer neste *A linguística geral de Ferdinand de Saussure*.

Ora, passados mais de 100 anos da morte de Saussure, ainda hoje sentimos os efeitos intelectuais de sua produção. É evidente que muitos poderiam dizer – e é realmente o caso hoje em dia – que Saussure é coisa do passado, que sua reflexão está superada, que a recepção que obteve nas ciências humanas e sociais é exagerada, pois Saussure não teria dito nada que já não estivesse presente em autores que o precederam. Fala-se em "mitificação" e "desmitificação" de Saussure, desmerece-se o *Curso de linguística geral*, acusando-o de, em função de sua gênese, falsear o raciocínio saussuriano; ignora-se o *Escritos de linguística geral*, por ser originário de manuscritos inacabados ou por ser fruto de edição. Isso tudo merece ser avaliado com base em sólida informação filológica e teórica, além de exigir de quem o faz atitude ética em relação aos saberes constituídos na história.

De nossa parte, não consideramos de menor importância o fato de existir na cultura em geral expressões como "linguística pré-saussuriana" ou "linguística pós-saussuriana". Tais expressões são indicadoras de um modo de compreensão da história da linguística no mundo. Há, portanto, um legado saussuriano.

Nesse sentido, então, talvez fosse importante reconhecer (Flores, 2017) que a linguística – assim como outras áreas do conhecimento – se organizou em torno da noção de herança. O filósofo francês Jacques Derrida diz, em uma entrevista à psicanalista Elizabeth Roudinesco (Derrida; Roudinesco, 2004), que a noção de herança constrói a figura de um herdeiro que é legatário simultaneamente de uma dupla injunção, contraditória na sua gênese: a do saber e a do saber reafirmar. Não se escolhe uma herança, ela se impõe ao herdeiro que, no entanto, pode escolher preservá-la viva ou condená-la à morte. Ao se reafirmar uma herança, pode-se evitar que ela venha a morrer; reinterpretá-la é a condição para lhe dar um lugar na atualidade.

Em se tratando de Saussure, há herança e há herdeiros. Saussure, tanto na versão que é dada de suas ideias no *Curso de linguística geral* quanto em seus manuscritos ligados à linguística geral (como, por exemplo, naqueles publicados no *Escritos de linguística geral*), esforçou-se para dar à linguística um estatuto epistemológico. Em função disso é que o vemos, em várias passagens, reconhecer-se como um herdeiro do que o precedia, e o vemos também elaborando reflexões absolutamente inéditas até aquele momento. Isso é que o faz legar uma herança para o futuro da linguística e fazer de nós os seus herdeiros.

Com apoio no raciocínio do filósofo francês Dany-Robert Dufour, em seu belo ensaio *A arte de reduzir as cabeças: sobre a nova servidão na sociedade ultraliberal*, que aborda o neoliberalismo e seus efeitos em tempos de pós-modernidade nas formas de analisar o simbólico, diríamos que reconhecer heranças e herdeiros impede que se promova uma destituição da referência aos sistemas de pensamento fundantes, entre os quais está Ferdinand de Saussure. Podemos ser contra um sistema de pensamento ou a favor dele; isso, desde que bem fundamentado, é salutar e necessário para fazer avançar o conhecimento. O que não podemos é promover o desmonte dos sistemas de pensamento, em nome de uma versão dos fatos que ignora a história do conhecimento.

Além de tudo, Saussure não desconhece as dificuldades impostas pela natureza da matéria da linguística. No CLG (p. 16), lemos: "qualquer que seja o lado por que se aborda a questão, em nenhuma parte se nos oferece integral o objeto da Linguística". No ELG (p. 189), lemos: "nós estamos [...] profundamente convencidos de que qualquer um que ponha o pé no terreno da *língua* está, pode-se dizer, abandonado por todas as analogias do céu e da *terra*". Dito de outro modo, Saussure tem absoluta consciência das dificuldades implicadas na delimitação de um objeto para a linguística, e isso está claro tanto na edição de seus manuscritos como na edição de suas aulas.

Apesar de toda a clareza, parece haver, hoje em dia, certa opinião geral que ignora o gesto inaugural de Saussure. O que resta de Saussure hoje? Há unanimidade em torno do esgotamento de suas das teses? Seu pensamento realmente não teve nenhuma originalidade? Tudo não passou de uma ilusão de ótica que teria acometido toda a linguística produzida no século XX?

Como explica uma das grandes leitoras de Saussure, Claudine Normand,

> cada geração de leitores produziu, e continua produzindo, seu modo preferencial de leitura, marcado pelo contexto intelectual da época, tanto que seria possível fazer a história do pensamento saussuriano, assim como a de suas interpretações, ao longo de um século. [...]. Eu me contentarei, por ora, de dizer que [...] ninguém pode pretender exibir a verdade da teoria saussuriana e, menos ainda, o projeto autêntico desse pensador enigmático. É exatamente aí que repousa sua irritante originalidade. Tendo deixado uma herança incontestavelmente científica, da maior importância no desenvolvimento da linguística, ele não pode ser reduzido a um momento passível de ser medido, avaliado ou superado, dentro desta "ciência da língua", fundamental para o pensamento contemporâneo, do qual estabelecia as premissas. Sempre algo desse pensamento escapa que necessita ser retomado, reinterpretado. Saussure é, também, a história dessas redescobertas (Normand, 2011: 12).

Concordamos integralmente com a posição ética da linguista. E acrescentaríamos: posicionar-se em torno das questões que formulamos precedentemente exige de quem o faz sólida informação. Foi para auxiliar a difundir informação clara e de qualidade, então, que escrevemos este *A linguística geral de Ferdinand de Saussure*. Vire as páginas, leitor, e boa leitura!

Agradecimentos

Um livro como este não pode ser feito sozinho, sem o auxílio de muitas mãos. Gostaria de deixar registrado meu agradecimento aos meus alunos e orientandos, pelas discussões sempre criativas; ao querido amigo, com quem sempre aprendo, Gabriel de Ávila Othero, pelas incansáveis leituras e pela generosa troca de ideias; ao CNPq pelo incentivo, através de recursos e de bolsas de Produtividade em Pesquisa a mim concedidas; finalmente, ao PPG-Letras da UFRGS, por me possibilitar o ambiente de pesquisa que eu sempre desejei.

Notas

[1] Por esse motivo, continuaremos a usar o nome próprio "Saussure" tanto para referir o CLG quanto o ELG. Seguimos aqui o defendido por Normand (2009: 18), com relação ao CLG, estendendo o seu argumento ao ELG, em função do que apresentamos no capítulo "Ferdinand de Saussure: quantos existem?" deste livro, a respeito da *obra* de Saussure. A autora continua a usar a expressão "Saussure" para designar o CLG, em função de sua natureza de texto. Procedemos assim para ambos os livros aqui trabalhados.

[2] O livro utilizado é a versão brasileira, publicada pela Editora Cultrix (cf. "Sobre as fontes saussurianas utilizadas", a seguir). Sempre que necessário consultamos também as edições francesas.

Sobre as fontes saussurianas utilizadas

Como anunciamos na "Apresentação" deste livro, nosso objetivo ao escrevê-lo foi muito simples: apresentar ao leitor brasileiro, de forma clara e didática, os contornos da *linguística geral* de Ferdinand de Saussure. Em função disso, esforçamo-nos para usar fontes de fácil acesso ao público iniciante de linguistas a quem nos dirigimos. Privilegiamos, portanto, sempre que possível, bibliografia em língua portuguesa. Esse critério foi também utilizado em relação às fontes saussurianas. Segue, abaixo, informações básicas sobre essas fontes.

Edições póstumas

Dos Cursos de Ferdinand de Saussure

- *Curso de linguística geral. Organizado por Charles Bally e Albert Sechehaye com a colaboração de Albert Riedlinger.* O sistema de referência é composto pela sigla CLG, seguida da página. Por exemplo, (CLG, p. 80). A edição utilizada é a brasileira, publicada pela editora Cultrix[1]. Quando necessário, recorremos à versão francesa da obra, o que é indicado em nota.
- *Les sources manuscrites du Cours de linguistique générale de F. de Saussure* [As fontes manuscritas do Curso de linguística geral][2], de Robert Godel. O sistema de referência das fontes saussurianas presentes no livro é composto pela sigla S.M., seguida da página. Por exemplo, (SM, p. 77). Quando se trata de comentário do próprio Godel, utiliza-se o sistema autor data. Por exemplo (Godel, 1969: 23). A edição utilizada é a publicada em 1969 pela Libraire Droz.
- *Cours de linguistique générale édition critique par Rudolf Engler* [Curso de linguística geral Edição crítica]. Em função da complexidade dessa obra e das dificuldades de acesso a ela, fizemos, na medida do possível,

apenas referências indiretas. A edição por nós utilizada é publicada pela Otto Harrassowitz Wiesbaden.

Dos Escritos

* *Escritos de linguística geral.* O sistema de referência é composto pela sigla ELG, seguida da página. Por exemplo, (ELG, p. 80). A edição utilizada é a brasileira, publicada pela editora Cultrix. Quando necessário, recorremos à versão francesa da obra, o que é indicado em nota.

Notas

[1] Recentemente foi lançada no Brasil uma nova tradução do CLG, feita por Marcos Bagno e publicada pela Parábola Editorial. Quando ela veio a público, o projeto de elaboração deste livro já estava bastante adiantado, motivo pelo qual não ainda tivemos oportunidade de tomar conhecimento em detalhe desta nova tradução.

[2] Para todas as obras e os textos que não têm tradução brasileira, fazemos, entre colchetes, uma tradução livre.

PARTE 1

O LINGUISTA E SUA OBRA

Pequena biografia sobre Saussure e sua linguística geral

Quem foi Ferdinand de Saussure?

Responder a essa pergunta não é algo que, hoje em dia, possa ser feito de maneira resumida. Até há bem pouco tempo, era escassa a informação biográfica em torno de Saussure. Contávamos especialmente com o texto "Notes biographiques et critiques sur F. de Saussure" [Notas biográficas e críticas sobre F. de Saussure], anexo à edição crítica do CLG, feita por Tullio De Mauro (1976). De lá para cá, muita coisa mudou. Temos à nossa disposição agora, no mínimo, duas grandes pesquisas biográficas: o trabalho de Claudia Mejía Quijano, *Le cours d'une vie. Portrait diachronique de Ferdinand de Saussure* (2008) [O curso de uma vida. Retrato diacrônico de Ferdinand de Saussure], e o monumental trabalho de John Joseph, *Saussure* (2012a).

Nesse sentido, que justificativa há para incluir uma "pequena biografia" em um livro como este *A linguística geral de Ferdinand de Saussure*, uma vez que há disponíveis no mercado pesquisas exaustivas e completas[1]? Pensamos que há um motivo de ordem teórica para assim proceder: não se trata aqui de apresentar informações que já não estejam contidas nesses trabalhos, nem mesmo de resumi-las. Nosso propósito é outro – e desejamos explicitá-lo por apreço ao método seguido na elaboração deste livro: trazemos ao leitor informações sobre a vida de Saussure que sejam relevantes para compreender a sua linguística geral. Falamos primeiro na figura Ferdinand de Saussure; depois, em sua obra[2].

Ferdinand de Saussure nasceu em 26 de novembro de **1857**[3], em Genebra; um ano após o casamento de seus pais, Henri de Saussure (1829-1905) e Louise de Pourtalès (1837-1906).

O interesse pelos aspectos gerais das línguas se apresenta desde muito cedo para Saussure (De Mauro, 1976: 322). Nesse sentido, ele é diretamente influenciado pelo célebre filólogo e linguista suíço Adolphe Pictet (1799-1875), a quem Saussure – então com apenas 15 anos e tendo já conhecimento de grego, francês, alemão, inglês e latim – apresenta um trabalho de linguística. Na verdade, Saussure conhece Pictet desde os seus 12 anos de idade, durante suas férias em Versoix, perto de Genebra.

18 A linguística geral de Ferdinand de Saussure

Há relatos do próprio Saussure[4] sobre as conversas com Pictet, sobre seu entusiasmo pela paleontologia linguística e pela etimologia. Animado por sua convivência com Pictet, Saussure toma coragem e apresenta ao filólogo, em **1872**, um "sistema geral da língua", intitulado *Essais sur les langues* [Ensaio sobre as línguas].

Pelo que se sabe, Pictet atendeu ao menino de maneira gentil, incentivando-o a continuar, mas o advertiu a manter distância de qualquer sistema universal da linguagem. Sobre esse trabalho "juvenil", o próprio Saussure se manifesta em suas *Souvenirs* [Lembranças], publicadas por Robert Godel em 1960[5]:

> A obsessão pela linguística estava em mim, evidentemente, desde esta época, pois eu nem havia ainda aprendido mais que alguns rudimentos de grego na escola, e já me senti maduro para esboçar um sistema geral da linguagem, destinado a Adolphe Pictet. Esta infantilidade, tanto quanto me lembro, consistia em provar que tudo se reduz, em todas as línguas possíveis, a radicais constituídos imediatamente por três consoantes (Saussure, 1960: 17)[6].

Ora, o fato é que a admiração por Pictet vai além desse episódio. Ela ressurge, por exemplo, anos mais tarde, na *Primeira Conferência* proferida por Saussure na Universidade de Genebra, em novembro de **1891**. Nela, Saussure se detém longamente na questão das "línguas", mas não sem antes lembrar "o nome genebrino, de que temos orgulho, também sob outros aspectos, por nossa pátria, de Adolphe Pictet, que primeiro concebeu, metodicamente, o partido que se pode tirar da língua como testemunha das eras pré-históricas" (ELG, p. 126). Graças a essa admiração, Saussure prossegue estudando o que há de mais próximo à linguística em Genebra, nessa época: em especial, as aulas de grego e latim de Louis Morel (1851-1917)[7].

O interesse de Saussure continua inclusive levando-o, em **1876**, a solicitar ao linguista francês Abel Bergaigne (1838-1888), por intermédio do amigo Léopold Faure, inscrição na recém-criada (1864) Sociedade Linguística de Paris (SLP). Saussure foi admitido na SLP em 13 de maio de **1876**; ali, ele fará algumas comunicações.

Em seguida, Saussure viaja para a Alemanha e dá continuidade aos estudos em linguística. Entre **1876** e **1880**, Saussure permanece em Leipzig, onde publica, em **1878**, o célebre *Mémoire sur le système primitif des voyelles dans les langues indo-européennes* [Memorial sobre o sistema primitivo das vogais nas línguas indo-europeias] e, em **1880**, defende sua tese de doutorado, *De l'emploi du génitif absolu en sanscrit* [Sobre o emprego do genitivo absoluto em sânscrito]. A tese foi publicada em **1881**. Saussure estava com 21 anos.

Em Leipzig, Saussure frequenta alguns cursos, em especial o de gramática comparada de Georg Curtius (1820-1885), o de eslavo e lituano de August Leskien

(1840-1916), o de persa de Johann Heinrich Hübschmann (1848-1908) e o de celta de Ernst Wilhelm Oskar Windisch (1844-1918). Além disso, conhece os neogramáticos e é aluno de Karl Brugmann (1849-1919) e Hermann Osthoff (1847-1909).

O fato é que, apesar da sólida formação na universidade alemã, Saussure distancia-se da linguística feita pelos neogramáticos e ruma para Paris, onde será muito bem acolhido. Antes de chegar a Paris, porém, entre março e setembro de **1880**, Saussure faz uma viagem à Lituânia: a curiosidade demonstrada por Saussure em relação ao lituano, os trabalhos sobre o sistema do indo-europeu e a tese sobre o sânscrito são, na opinião de De Mauro (1976), indícios importantes de que Saussure dedica enorme atenção aos aspectos gerais da linguística. No entanto, De Mauro considera que essa atenção de Saussure se deve mesmo à influência do linguista e sanscritista americano William Dwight Whitney (1827-1894).

Para afirmar isso, De Mauro (1976: 333) fundamenta-se em, entre outras fontes, um testemunho de Albert Sechehaye (1870-1946), segundo o qual, na época em que esteve em Leipzig, Saussure tivera contato com a obra de Whitney, em especial com o livro, de 1875, *La vie du langage* [A vida da linguagem[8]], o que influenciou profundamente o genebrino. Explica ainda De Mauro que Whitney era bastante conhecido como sanscritista em Berlim, onde estudara com Franz Bopp (1791-1867), e em Leipzig, onde estudara com Rudolph Roth (1821-1895). Bouissac (2012: 82-83) acrescenta que, em meados de **1879** – antes, portanto, da partida para Paris –, Saussure, em passagem por Berlim, estuda com o indianista alemão Hermann Oldenberg (1854-1920) e com o celtista Heinrich Zimmer (1851-1910). Este último teria sido nada menos que o tradutor de Whitney para o alemão.

Quijano (2008: 224-227), por sua vez, dedica uma parte de sua biografia para falar da relação Whitney-Saussure. Segundo ela, Saussure teria motivos para se ressentir de Whitney, em especial pelo fato de este não o ter citado na segunda edição – datada de 1889 – da *Sanskrit Grammar: Including Both the Classical Language, and the Older Dialects, of Veda and Brahmana* [Gramática Sânscrita: incluindo a Linguagem Clássica e Antigos Dialetos do Veda e Brahmana], uma vez que, nela, Whitney inclui exemplos do genitivo absoluto, tal como foram explicados por Saussure em sua tese de doutorado. No entanto, nada afasta Saussure da influência de Whitney.

Para a biógrafa, o projeto de Saussure, desde seus primeiros trabalhos, sempre foi chegar a uma compreensão geral da linguagem e, para tanto, o próprio Saussure reconhece o papel da obra de Whitney. O sanscritista americano olhou para a linguagem humana buscando destacar seus aspectos sociais, institucionais, convencionais e mesmo comunicacionais, e tudo isso foi uma novidade para o final do século XIX, afeito que era a uma perspectiva evolucionista fortemente

20   A linguística geral de Ferdinand de Saussure

darwinista. Em outras palavras, Whitney teria se mostrado, aos olhos de Saussure, um apoio importante contra uma perspectiva que via a linguagem humana de um ponto de vista naturalista, leia-se, biologista.

Há, então, acordo entre os biógrafos de Saussure em dar destaque à relação Whitney-Saussure, perspectiva esta que seguimos aqui.

Enfim, estamos no ano de **1880** e Saussure muda-se para Paris, onde é recebido com muita consideração. Lá, frequenta o curso de Michel Bréal (1832-1915), o mais reconhecido linguista da França de então, seu *tutor benevolente* (Benveniste, 1988: 37)[9]. Além disso, frequenta os cursos de Abel Bergaigne (1838-1888), Louis Havet (1849-1925) e Arsène Darmesteter (1846-1888) na École Pratique des Hautes Études (EPHE).

Bréal teve papel definitivo relativamente à presença e à permanência de Saussure em Paris, até 1891. Explica Bouissac (2012: 87-88) que "o charme e o brilhantismo de Saussure seduziram Bréal, que estava obcecado em trazer sangue novo para a linguística francesa e ansioso para recrutar jovens e promissores estudiosos". Bréal, desde sempre, considerou Saussure um sucessor ideal, motivo pelo qual o indicou, em **1881**, como *Maître de conférences* [professor] de gótico e alto alemão na EPHE. Saussure assumia a cadeira do então mais importante linguista da França.

Assim, Saussure permanece até **1891** trabalhando em Paris. Nas palavras de Benveniste (1964: 24-25):

> O ensino pelo qual o jovem professor [*maître de conférences*] é responsável em 1881 trata do alto gótico e o antigo alto alemão; em 1884, ele acrescentou o nórdico antigo. Em seguida, o programa se amplia: ao germânico antigo é adicionada a gramática comparativa do grego e do latim. A partir de 1888, a conferência se chamará simplesmente: "gramática comparativa", e tratará primeiro do grego e do latim, depois do lituano, até 1891. Todas essas matérias eram então novas no ensino superior, ao menos a forma como Saussure as tratava, e a *École des Hautes Études* era o único lugar onde podiam ser estudadas.

Um dos melhores alunos de Saussure foi, a essa época, Antoine Meillet (1866-1936), que o sucedeu na EPHE[10].

Em **1891**, Saussure deixa Paris e retorna a Genebra para, inicialmente, trabalhar como uma espécie de professor colaborador na Universidade de Genebra. Entre **1891** e **1896** (De Mauro, 1976: 343-352), ensina sânscrito e línguas indo-europeias e dirige a biblioteca da Faculdade de Letras e Ciências Sociais. Entre **1899** e **1908**, dá aulas de fonologia do francês moderno e, entre **1900-1901**, aulas de versificação francesa. No verão de **1904**, dá um curso sobre os *Nibelungos*[11] e, a partir de **1907**, dará aulas de linguística geral.

Entre **1907** e **1911**, Saussure ministra três cursos de linguística geral[12] (os famosos cursos que deram origem, postumamente, em **1916**, ao livro *Curso de linguística geral*) e gramática comparada, além de aulas de sânscrito. Em **1912**, chega ainda a ministrar um último curso de gramática comparada.

No verão de **1912**, porém, em função do agravamento de seu estado de saúde, Saussure suspende suas atividades. Morre em 22 de fevereiro de **1913**. Em **1916**, é publicado o livro que o tornou célebre aos olhos da linguística universal: o *Curso de linguística geral*. Como disse Benveniste, em um dos mais belos textos já escritos sobre Saussure, "Saussure após meio século", de 1963: "além da sua vida terrena, as suas ideias brilham mais longe do que ele teria podido imaginar, e esse destino póstumo se tornou como uma segunda vida, que se confunde para sempre com a nossa" (Benveniste, 1988: 49).

Notas

[1] Boa parte do que apresentamos a seguir utiliza as fontes antes lembradas – De Mauro (1976), Quijano (2008) e Joseph (2012a) –, além de Godel (1960) e Joseph (2012b).

[2] Tal procedimento segue de perto Milner (2002), em seu *Le périple structurel. Figures et paradigme* [O périplo estrutural. Figuras e paradigma], em que Milner aborda, em um primeiro momento, os autores, as figuras, para, em seguida, apresentar uma síntese do paradigma científico estudado.

[3] Para facilitar a orientação cronológica do leitor, grifamos as datas relevantes.

[4] Ver: Saussure (1960).

[5] Sobre esse manuscrito (*Souvenirs*), na verdade uma carta em que aparecem essas lembranças", Souza e Silveira (2020: 1736) explicam que se trata de um "documento conhecido como *Souvenirs*, arquivado na Biblioteca pública de Genebra sob a rubrica 3957-1. Escrito pelo genebrino em 1903, com o objetivo de ser enviado para Wilhelm Streitberg (1864–1925), com quem ele já havia trocado correspondência, o tema do documento era a hipótese de plágio no seu único livro publicado em vida, conhecido como *Mémoire*. O *Souvenirs* foi planejado como um apêndice desse livro, o que não aconteceu. Saussure não o publicou nem o mostrou a ninguém, pensando, por fim, em transformar Streitberg em depositário do documento, mas também não o enviou. O documento foi, enfim, entregue à biblioteca de Genebra pelos seus familiares e publicado, 57 anos depois, por Robert Godel". Esse manuscrito está publicado no volume 17 do *Cahiers Ferdinand de Saussure* (cf. "Referências", neste livro).

[6] Quijano (2008: 134) se refere a essa "Lembrança" como uma evidência da "atividade *generalizadora*" que, segundo ela, está presente desde a infância em Saussure.

[7] Conforme Joseph (2012b), as aulas de Morel reproduziam fielmente o curso de gramática comparada de Georg Curtius (1820-1885), que Morel havia feito em Leipzig no ano anterior.

[8] Existe uma tradução da obra em português, sob o título *A vida da linguagem* (2010).

[9] Daqui para frente seguimos com bastante proximidade o apresentado em Benveniste (1964).

[10] Rosário (2018: 26) lembra que, na EPHE, se sucedem Bréal (1880-1991), Saussure (1881-1891), Meillet (1889-1890, como suplente de Saussure, e de 1899-1917) e Benveniste (1927-1969), e, no *Collège de France*, Bréal (1866-1905), Meillet (1906-1936) e Benveniste (1934-1936, como suplente de Meillet, e de 1937-1972). Informa a autora também que Saussure sucederia Bréal no *Collège de France*, mas acaba deixando Paris em 1891 e voltando a Genebra.

[11] Personagens da mitologia nórdica.

[12] Esses cursos serão designados, no decorrer deste livro, como *1º Curso, 2º Curso, 3º Curso,* respectivamente.

Ferdinand de Saussure: quantos existem?

Neste capítulo, são abordados dois assuntos que têm grande importância para todos os que se dedicam a estudar Ferdinand de Saussure. Inicialmente, falamos sobre a multiplicidade da produção intelectual do linguista e sobre algumas das discussões que essa multiplicidade suscita. Em seguida, apresentamos uma perspectiva de entendimento da *obra* de Saussure que autoriza e justifica uma análise em conjunto dos livros *Curso de linguística geral* (CLG) e *Escritos de linguística geral* (ELG), mas sem desconhecer as diferenças que há entre cada um. Por fim, assinalamos uma perspectiva própria de leitura do conjunto dessa *obra*.

O MÚLTIPLO SAUSSURE

Pode até parecer estranho falar em "múltiplo" Saussure, afinal de contas é sabido de todos os que se dedicam aos estudos linguísticos que o nome de Ferdinand de Saussure designa o fundador da linguística moderna[1]. Não raras vezes, esse mesmo nome também recebe o epíteto de "o pai da linguística". Então, se todos sabem que existe esse Saussure o qual estamos acostumados a estudar nos tempos iniciais dos cursos de letras e linguística, não caberia colocar em dúvida a sua unicidade de nome próprio.

Não obstante, é evidente a "multiplicidade" da produção intelectual do linguista. Quer dizer, acostumamo-nos a associar o nome de Saussure à linguística do século XX – em especial à linguística geral –, mas a sua produção intelectual não se resume à dita linguística geral, embora seja a parte, em grande medida, responsável pelo reconhecimento que Saussure tem no mundo.

A crescente descoberta e a consequente divulgação de significativa quantidade de fontes documentais – manuscritos e cartas de Saussure, anotações de alunos, cartas de alunos ou colegas etc. (cf. o capítulo "Breve história das fontes saussurianas de linguística geral", a seguir) – levam-nos a considerar que a produção intelectual de Saussure é complexa e assume múltiplas faces. A linguística geral é (apenas) uma delas.

Na verdade, ouvimos falar em "mais de um" Saussure já há bastante tempo. O linguista Testenoire (2019: 398-399) destaca que "Les deux Saussure" [Os dois Saussure] é o título dado ao colóquio, ocorrido em abril de 1974, em Nova York, dedicado aos anagramas saussurianos e aos estudos de linguística geral[2]. O sociolinguista francês Louis-Jean Calvet, em um pequeno livro intitulado *Pour et contre Saussure*[3], de 1975, contrapõe dois Saussure: o dos anagramas ao do CLG. O filósofo francês Michel Pêcheux e a linguista, também francesa, Françoise Gadet, em *La langue introuvable*[4], livro de 1981, buscam discutir o Saussure do *dia* e o Saussure da *noite* de modo a ler conjuntamente a linguística geral e as pesquisas poéticas de Saussure, e fazem isso em um capítulo também intitulado "Dois Saussure". A própria Françoise Gadet inicia seu livro *Saussure. Une Science de la langue* [Saussure. Uma ciência da língua], de 1987, com um capítulo denominado "Un maître qui n'en était pas un" [Um mestre que não era um], no qual fala em "revoluções saussurianas"[5], tais como a publicação do CLG, os estudos a respeito dos anagramas e o trabalho sobre as lendas germânicas dos *Nibelungos*. O professor Paul Bouissac (2012: 239-240), em seu livro *Saussure. Um guia para os perplexos*, lembra que o linguista britânico Roy Harris "distinguiu três Saussure: o primeiro, o suposto autor do *Curso de linguística geral*"; o segundo, "o professor dos três cursos de linguística geral"; o terceiro, "um Saussure ainda mais complexo que escreveu milhares de páginas e desenhou inúmeros diagramas". No Brasil, o professor de linguística Edward Lopes (1997), em seu livro intitulado *A identidade e a diferença*, mapeia nada menos que quatro Saussure. Segundo Lopes, a divulgação de inéditos de Saussure permitiu trazer à luz "pelo menos quatro Saussures diferentes, na mesma pessoa – um comparatista, um geralista, um estruturalista[6] e um semiolinguista" (Lopes, 1997: 49).

Como podemos notar, não faltam exemplos que ilustram a ideia de que existe mais de um Saussure. E a que se deve essa multiplicidade? Deve-se, principalmente, ao fato de a *produção intelectual* de Saussure – termo que utilizaremos para designar o conjunto das reflexões do genebrino – ter se constituído a partir de diferentes interesses. Com certeza, como veremos, a investigação linguística e, em especial, em linguística geral atravessa todos os trabalhos saussurianos; e há relações entre os diferentes trabalhos de Saussure. No entanto, não se pode reduzir esse conjunto de trabalhos à linguística *stricto sensu*; menos ainda à linguística geral, campo no qual Saussure conheceu notoriedade.

Admitir essa multiplicidade em momento algum significa dizer que há contradições, oposições ou mesmo contrassensos no conjunto da produção intelectual de Saussure. Nem mesmo implica ver uma hierarquia entre o que seria da ordem de uma suposta ciência linguística e o que seria da ordem de algo "a-científico". Nada disso! Apenas estamos chamando atenção para o fato de que Saussure teve muitos interesses de pesquisa em sua vida, e que esses interesses nem são equivalentes entre si, nem produziram a mesma reflexão. São reflexões distintas, ainda que relacionadas.

Além disso, enfatizamos um aspecto que é particularmente importante em se tratando de Saussure: muito do que se conhece de sua obra não foi por ele publicada em vida. Sem dúvida, há uma considerável quantidade de trabalhos que Saussure publicou durante a sua vida, mas há também uma enormidade de manuscritos, de rascunhos, de anotações que vieram a público apenas postumamente; isso sem falar no *Curso de linguística geral*, livro também póstumo, de autoria atribuída a Saussure, mas que, na verdade, foi editado, a partir de anotações de alunos, por dois colegas (Albert Sechehaye e Charles Bally), em colaboração com um de seus ex-alunos (Albert Riedlinger). Dito de outro modo, produções publicadas em vida por um determinado autor não são equivalentes a produções que não foram por ele publicadas, embora ambas possam ter a mesma autoria, e não são equivalentes a publicações cuja autoria é atribuída (caso do CLG).

Trataremos especificamente da problemática relativa a essas fontes saussurianas com mais vagar, inclusive da complexidade editorial do CLG no capítulo "A gênese da *obra* de linguística geral de Saussure", a seguir. Por ora, queremos apenas defender a ideia de que falar em diferentes ou múltiplos Saussure implica, de um lado, reconhecer que a produção de Saussure é variada; de outro lado, admitir que é necessário determinar tanto um ponto de vista para examiná-la quanto uma finalidade (seja didática, seja de pesquisa etc.). Pensemos em alguns exemplos.

Primeiro exemplo: se assumimos um ponto de vista que busca destacar a produção saussuriana, a partir da determinação do que foi publicado em vida pelo autor e do que foi publicado postumamente, podemos recortar a produção saussuriana a partir do eixo "não póstumo/póstumo", o que não significa a exclusão de outros critérios. É exatamente isso que fazem Buss, Ghiotti e Jäger (2003).

Os autores propõem a seguinte divisão do que chamam de "obras de Saussure".

26 A linguística geral de Ferdinand de Saussure

Quadro 1 – Obras de Saussure (eixo não póstumo/póstumo)

1. Obras de Saussure
  1.1 Obras publicadas por Saussure
    1.1.1 Monografias
    1.1.2 Artigos
  1.2 Edições póstumas
    1.2.1 Cursos e notas de cursos
    1.2.2 Escritos
    1.2.3 Correspondência

Fonte: elaborado pelo autor, a partir de Buss, Ghiotti e Jäger (2003).

Nesse caso, o princípio da organização leva em consideração, de um lado, o que efetivamente foi publicado por Saussure em vida e, de outro lado, o que é póstumo. As edições póstumas, por sua vez, são subdivididas entre o que é de natureza oral – cursos e notas dos cursos – e o que é de natureza escrita – escritos e correspondências.

Segundo exemplo: o recorte seria muito diferente se assumíssemos um ponto de vista, digamos, "temático". Teríamos, nesse caso, o Saussure da linguística geral, o dos anagramas, o da gramática comparada, o das lendas germânicas etc. É, em linhas gerais, o que faz Bouquet (1998), por exemplo, em um artigo intitulado "Les deux paradigmes éditoriaux de la linguistique générale de Ferdinand de Saussure" [Os dois paradigmas editoriais da linguística geral de Ferdinand de Saussure].

Bouquet recorta do conjunto da produção de Saussure apenas aquilo que considera fazer parte da *linguística geral*. Isso já está marcado, inclusive, no título do artigo. Assim o autor se explica:

> O que designo pela expressão "a linguística geral de Ferdinand de Saussure" é um *corpus* composto por três tipos de textos: (1) os textos autógrafos de Saussure, (2) as notas feitas por seus alunos durante as três sessões de cursos intitulados "linguística geral" ministrados em Genebra entre 1907 e 1911, (3) o texto publicado em 1916 com o título *Curso de linguística geral* (Bouquet, 1998: 287-288).

Dessa maneira, a proposta de Bouquet exclui outros trabalhos que, na opinião do autor, não diriam respeito diretamente à *linguística geral*. Isso está bem explicado logo na primeira nota do artigo de Bouquet:

deixo de lado os trabalhos técnicos de gramática comparada (a maioria deles republicados no *Recueil des publications scientifiques* de 1922), as pesquisas sobre as lendas e os anagramas e outros textos de reflexão filosófica ou psicológica como os textos sobre a filosofia hindu (manuscritos de Harvard, parcialmente publicados na segunda metade do século XX), mesmo que apareçam esporadicamente nessas obras proposições que podem ser consideradas de "linguística geral". Da mesma maneira para outros cursos de Genebra (notadamente o curso de etimologia grega e latina de 1911-1912 e os dois cursos de gramática comparada – fonética e morfologia – de 1909-1910). Também deixei de lado a correspondência (publicada de forma parcial e dispersa) que às vezes pode conter elementos de interesse para a linguística saussuriana em geral (Bouquet, 1998: 287, destaques do autor)[7].

Poderíamos, então, considerar a proposta de Bouquet (1998) uma possibilidade de abordagem da produção saussuriana, feita a partir de um ponto de vista bem definido, o da linguística geral. Sintetizamos essa proposta a seguir.

Quadro 2 – *Corpus* de linguística geral de Saussure

1ª categoria de textos: textos autógrafos de Saussure. **2ª categoria de textos**: notas dos estudantes dos cursos de linguística geral em Genebra. **3ª categoria de textos**: *Curso de linguística geral*.

Fonte: elaborado pelo autor, a partir de Bouquet (1998).

Quais as implicações desse recorte feito por Bouquet? Em primeiro lugar, trata-se de uma proposta apenas do paradigma editorial, quer dizer, algo que, de uma forma ou de outra, tem por finalidade pensar a respeito da publicação da obra. Em segundo lugar, trata-se apenas dos trabalhos concernentes a um tema, qual seja, a linguística geral. Em terceiro lugar, trata-se da aplicação de um sub-critério – marcado pela expressão "textos autógrafos" – que atribui autenticidade aos textos. A primeira categoria de textos é composta apenas por textos originais (*autógrafos*) de Saussure; a segunda, por textos que não são de Saussure; a terceira, por textos apócrifos.

Esses dois exemplos são suficientes para ilustrar o que estamos defendendo ao falar na multiplicidade de Saussure. Considerando o enorme acervo[8], o recorte se impõe quando o objetivo é fazer uma pesquisa minimamente aprofundada. Para tanto, é necessário adotar um ponto de vista. Assim, haveria tantos Saussure quantos fossem os pontos de vista utilizados para examinar a sua produção.

Dito de outro modo, hoje em dia (cf. "Referências", neste livro) podemos estudar o Saussure dos anagramas (Testenoire, 2013a; Souza, 2018), o das lendas (Kim, 1995; Turpin, 2003; Pinheiro, 2016; Henriques, 2018), o da linguística geral (Bouquet, 2000; Depecker, 2012), o da gramática comparada (Béguelin, 2003), o dos estudos indianos (D'Ottavi, 2014), o da fonética (Parret, 2014), o das cartas (Gandon, 2011), o dos manuscritos (Silveira, 2007), o dos trabalhos efetivamente publicados etc.

Podemos também estudar "o verdadeiro" Saussure, o "autógrafo", por oposição ao "falso", o "apócrifo". Nesse caso, o esforço será demostrar – e justificar – essa suposta fidedignidade em relação ao conjunto de fontes selecionadas. Podemos, ainda, estudar a correspondência (a pessoal ou a profissional) de Saussure, os seus manuscritos *per se*, os trabalhos efetivamente publicados etc. Nesse caso, importa delimitar cada conjunto e projetar, sobre cada um, recortes que permitam delinear alguma especificidade.

Todas essas possibilidades – que não são mais do que exemplos ilustrativos – não se excluem mutuamente e podem, inclusive, se articular. Por exemplo, Johannes Fehr, em um trabalho cujo título já anuncia o seu propósito – "Saussure: cours, publications, manuscrits, lettres et documents. Les contours de l'oeuvre posthume et ses rapports avec l'oeuvre publiée" [Saussure: cursos, publicações, manuscritos, cartas e documentos. Os contornos da obra póstuma e sua relação com a obra publicada]" –, ao relacionar a obra póstuma de Saussure e a publicada durante sua vida, busca estudar com maior detalhe as notas sobre as lendas germânicas. De uma perspectiva *de la science en train de se faire* [da ciência se fazendo], mostra que não há demarcação clara entre a linguística comparativa e a linguística geral, por um lado e, por outro, entre as atividades e os interesses extralinguísticos de Saussure. Fehr defende que é por meio desses diferentes campos de pesquisa que o projeto de uma ciência semiológica se concretiza em Saussure.

Bem entendido, o que faz Fehr é exatamente mostrar que a multiplicidade de interesses de Saussure – quando vista articuladamente –, longe de ser produto de algo não refletido, atende à necessidade de propor, elaborar e desenvolver a semiologia. Esse seria o "grande projeto" em Saussure. De forma diferente, mas com igual interesse pela perspectiva semiológica, adota o mesmo procedimento Culler (1979), ao nomear o último capítulo de seu livro de "Semiologia; o legado saussuriano".

Sem dúvida, tanto a perspectiva de Fehr como a de Culler conduzem o debate em uma direção, no mínimo, distinta da nossa. No entanto, uma coisa é certa: ao que tudo indica, há, sim, muitos Saussure.

A (NOÇÃO DE) *OBRA* DE SAUSSURE

Isso posto, é tempo de perguntar: neste *A linguística geral de Ferdinand de Saussure*, que ponto de vista assumimos?

A resposta é simples, mas exige ser justificada: estudamos aqui o Saussure da linguística geral, o que, em um primeiro momento, nos aproxima fortemente de Bouquet (1998). Com esse primeiro recorte, excluímos do horizonte de estudo exatamente o mesmo conjunto de trabalhos excluídos por Bouquet (1998) e lembrados anteriormente.

Isso, porém, não significa afirmar, vale repetir, que a pesquisa sobre os anagramas, sobre as lendas e sobre a gramática comparada, entre outros, não possam ter relações com a linguística geral de Ferdinand de Saussure. Relações há, e muitas pesquisas na atualidade o demonstram[9]. Porém, o ponto importante para nós aqui é outro: nosso interesse centra-se na parte da produção intelectual de Saussure voltada exclusivamente à linguística geral, campo de pesquisa responsável pela notoriedade de Saussure no século XX, na linguística contemporânea.

A esse recorte, acrescentamos um segundo balizador de nosso trabalho, que nos diferencia do que faz Bouquet (1998), o qual, como dissemos, se organiza em torno da noção de texto autógrafo/apócrifo: estudaremos a linguística geral de Saussure a partir do ponto de vista específico da ideia de *obra*, ligada que é, em nossa opinião, à presença editorial de Ferdinand de Saussure. Essa presença é bastante singular. Vamos examiná-la.

Saussure é, hoje em dia, considerado – pelo público de linguistas ou não – autor de dois livros: o *Curso de linguística geral* e o *Escritos de linguística geral*. Facilmente encontramo-los nas estantes das livrarias e das bibliotecas e vemos estampado, em suas capas, o nome de Ferdinand de Saussure, na condição de autor. Nesse sentido, não é demais dizer que a circulação de Saussure, no âmbito da cultura em geral, deve-se a essas publicações as quais, normalmente, chamamos *a obra* de Saussure.

Porém, é sabido de todos que tais livros não são, efetivamente, de autoria do linguista. Como será visto no capítulo "A gênese da *obra* de linguística geral de Saussure", ambos são – em sua forma livresca – póstumos e produzidos devido à intervenção de editores. Trata-se, portanto, nos dois casos – embora de forma distinta em cada um –, de autoria[10] atribuída. Ora, essa presença editorial é, no mínimo, *sui generis* e exige que nos questionemos sobre os termos pelos quais a ideia de *obra* se liga a essa presença.

Tomamos a palavra *obra* em um sentido bastante específico, com base no linguista francês J.-C. Milner. Para ele (1996: 11)[11], "a noção de obra é moderna" e implica consideração a uma unicidade, "centrada em torno de um sistema de nomeações – o nome do autor e o título da obra". Assim, a obra independe da quantidade de textos ou de livros existentes, uma vez que é o sistema de nomeação que lhe dá unidade. A obra, então, "não é necessariamente *um* livro, nem mesmo necessariamente um *livro*" (Milner, 1996: 12, destaques do autor) porque a "obra não é uma matéria, é uma forma e é uma forma que organiza a cultura[12]" (Milner, 1996: 12). Nessa direção, a obra tem o *status* de unicidade em função da nomeação de um autor, da instauração de um título, de registro no âmbito da escrita e, finalmente, de sua publicação: "só existe obra, num sentido estrito, publicada" (Milner 1996: 12)[13].

Mas isso não é tudo. Milner admite que existem muitas produções que escapam a esse dispositivo da *forma de obra*. Para ele, o sistema da ciência, por exemplo, não se apresenta na *forma de obra*. A ciência, conforme o autor, até pode se inscrever como *forma de obra*, mas isso apenas em um tempo futuro, em que a ciência deixa de incidir como tal. O exemplo dado por Milner é Einstein, que passa a ser obra apenas "no instante em que a ciência considera que, tendo-o absorvido, ela se sente no direito de esquecê-lo. Somente, então, a cultura, como fora-da-ciência, vem substituir a amnésia sistemática da ciência em progresso, como fora-da-cultura" (Milner 1996: 13).

A tese de Milner é forte. Ela o leva a afirmar que Sigmund Freud, por exemplo, prefere a "forma de obra para estabelecer o que a publicação propriamente científica não lhe permitia" (Milner, 1996: 13), e o maior exemplo é o livro, de 1900, *A interpretação dos sonhos*; em Lacan, encontramos o mesmo percurso, representado pelos *Scripta*[14], "Lacan consentiu em publicar; vale dizer que consentiu na obra" (Milner, 1996: 16). E Milner conclui sobre ambos: "como Freud antes dele, Lacan precisava da cultura para se fazer ouvir" (Milner, 1996: 16). Enfim, a tese de Milner é tão radical que o leva a concluir: "daí uma consequência inevitável no que concerne à obra de Lacan. Se tal obra existe, ela está por inteiro nos *Scripta*" (Milner, 1996: 20). E acrescenta: "ler Lacan é ler o que está escrito, e sobretudo os *Scripta*" (Milner, 1996: 25).

Nesses termos, o próprio Milner esboça, adiante em seu livro, uma análise do advento do CLG de Saussure em sua *forma de obra*. Vamos citá-la na íntegra, apesar de ser uma passagem relativamente longa, pois ela é essencial para o que proporemos aqui com relação também ao ELG. Diz Milner (1996: 13):

> Basta que um moderno se veja convocado a um só tempo pela ciência e pela cultura para que a questão da obra se lhe apresente e exija uma decisão. Entre ambas, a escolha foi por vezes crucial. Este foi o desafio proposto aos alunos de Saussure. Sabemos que eles tomaram o partido da obra, sustentando que a mera compilação dos trabalhos científicos não bastaria para salvar um nome próprio ao qual se apegavam. Daí nasceu este "todo orgânico" chamado *Cours de linguistique générale*, sem que se saiba se este título fora concebido como singular ou plural. O sucesso dos editores deve-se justamente ao fato de que o singular se impôs a todos (dizemos *o* Curso); a partir daí, existe de fato uma obra de Saussure, constituída pela associação de um nome de autor e de um texto, entendido como unitário; a partir daí, Saussure ingressa nas fileiras da cultura (Milner, 1996: 13, grifo do autor).

E acrescenta, em nota:

> Nada prova melhor o caráter estritamente formal da noção de obra: o título do *Cours* é equívoco entre singular e plural; ele não foi proposto por Saussure; o texto foi retrabalhado ao ponto de nem uma de suas páginas poder ser atribuída, como está, ao punho de Saussure; Saussure nunca teve a intenção de publicar nenhum curso. Entretanto, existe uma obra, e portanto um autor, já que os critérios formais estão reunidos (Milner, 1996: 26 n.4).

Há muito para pensar a partir do que diz Milner.

Em primeiro lugar, ao afirmar que a "mera compilação dos trabalhos científicos" não foi considerada suficiente para sustentar o nome de Saussure, certamente Milner está pensando nas palavras de Bally e Sechehaye (1975: 2-3), presentes no "Prefácio à primeira edição" do CLG, onde vemos a inquietação dos editores frente às "anotações feitas pelos estudantes": "Que iríamos fazer desse material?".

32 A linguística geral de Ferdinand de Saussure

Relatam os editores do CLG:

> *Foi-nos sugerido que reproduzíssemos fielmente certos trechos particular-*
> *mente originais; tal ideia nos agradou, a princípio, mas logo se evidenciou*
> *que prejudicaria o pensamento de nosso mestre se apresentássemos apenas*
> *fragmentos de uma construção cujo valor só aparece no conjunto* (Bally;
> Sechehaye, 1975: 3, destaques dos autores).

Enfim a decisão:

> *Decidimo-nos por uma solução mais audaciosa, mas também, acredita-*
> *mos, mais racional: tentar uma reconstituição, uma síntese, com base*
> *no terceiro curso, utilizando todos os materiais de que dispúnhamos,*
> *inclusive as notas pessoais de F. de Saussure* (Bally; Sechehaye, 1975:
> 3, destaque dos autores).

Como é fácil supor, então, a organização do CLG está diretamente ligada a essa tentativa de "reconstituição" que não está, por sua vez, livre dos condicionamentos epistemológicos e científicos do fim do século XIX e do início do XX. Vemos, então, que não é o sistema da ciência que permite a inscrição de Saussure em um campo maior da cultura, mas a *forma de obra*, representada, nesse caso, pela "tentativa de reconstituição" que resultou no CLG.

Em segundo lugar, Milner faz menção a um ponto muito importante: a ausência de indicação de plural ou singular da palavra *cours* em *Cours de linguistique générale*. É verdade. Quando não precedida de artigo, *cours*, em francês, pode ser qualquer um dos dois. Mas, como lembra Milner, "o singular se impôs", sem dúvida, embora, no "Prefácio" do CLG, não se omita ser o livro oriundo de três cursos ministrados por Saussure na Universidade de Genebra. Esse singular é o indício de que há *uma* obra – um texto e seu autor.

Em outro livro, *Le périple structural*, Milner volta a refletir sobre a ideia de obra e o CLG. Diz Milner (2002: 17-18): "na realidade, o *Curso* funciona como uma obra desde sua publicação". Claro, "ele não é uma [obra], se uma obra é concebida como um texto atribuível, de parte à parte, e em detalhe, a um autor". No entanto, explica Milner, essa ideia pode ser invertida: "dado que o *Curso* funciona de fato como uma obra, então ele prova materialmente que a noção de obra não supõe, contrariamente ao que se acredita, previamente um autor". Nesse sentido,

"Saussure tornou-se retroativamente o autor do *Curso*, ainda que não tenha escrito, estritamente falando, nenhuma página".

O raciocínio de Milner, quando aplicado ao CLG, parece incontestável. No entanto, quando Milner o elaborou, ainda não havia no mercado editorial o livro *Escritos de linguística geral*[15]. É legítimo, portanto, que nos perguntemos sobre a validade de seu raciocínio para este segundo livro. Há vários motivos para procedermos assim, na atualidade.

Ora, não podemos ignorar que existe uma situação nova, instaurada pela publicação do ELG. O livro, como veremos adiante no capítulo "A gênese da *obra* de linguística geral de Saussure", reúne manuscritos de Saussure acerca da linguística geral e foi organizado e editado por Simon Bouquet e Rudolf Engler. Temos, desde então, uma situação bastante singular na história recente das ciências: desta vez, não se trata mais da existência de "dois" ou mais Saussure no âmbito dos estudos científicos especializados, mas da existência de dois livros "do mesmo" Saussure – a autoria está estampada nas capas – circulando no mercado editorial, portanto em âmbito cultural amplo.

Muitos questionamentos advêm desse fato, em especial para o amplo público de professores, de estudantes de linguística e de outras áreas do conhecimento. É de se esperar que se queira saber que diferenças há entre o CLG e o ELG: há entre os livros relações de oposição, contradição, complementariedade? Indaga-se ainda: qual é o verdadeiro Saussure? Qual deve ser ensinado na universidade? Qual serve de referência, hoje em dia, para dar a conhecer o pensamento de Saussure?

Abordamos as possibilidades de colocar, ou não, em relação esses dois livros mais adiante (cf. "O ponto de vista de leitura adotado", a seguir). Por enquanto, queremos apenas destacar que o CLG e o ELG têm pontos que os aproximam e, obviamente, pontos que os distanciam. De um lado, ambos são, em sua forma de livro, póstumos, editados por terceiros, com autoria atribuída e com larga circulação editorial. De outro lado, o CLG é de natureza oral e oriundo, em sua maior parte, de anotações de alunos; o ELG é de natureza escrita e oriundo de manuscritos de Saussure.

Para além dessas semelhanças e diferenças que serão tratadas em seguida com mais vagar, perguntamo-nos se o que defende Milner a respeito do CLG e seu *status* de *forma de obra* poderia ser estendido ao ELG. Se sim, isso implicaria tomar a obra de Saussure como um conjunto constituído pelo CLG e pelo ELG. Queremos defender que sim. Tudo no ELG leva a essa conclusão. Vejamos.

34 A linguística geral de Ferdinand de Saussure

O livro ELG produz, no espaço social que denominamos "âmbito da cultura em geral", um efeito de unicidade, decorrente da associação entre um texto, um título e um autor. Que esses, digamos, "atributos de obra" sejam não mais do que o produto de uma edição – talvez se pudesse dizer, inclusive, que são atributos conferidos à revelia daquele a quem se impinge a autoria – é de menor importância para se verificar sua *forma de obra*.

Sem dúvida, não desconhecemos que, do ponto de vista da especializada filologia saussuriana – que, nesse caso, assume a *forma da ciência* em se tratando do conjunto da produção saussuriana –, muito há para ser avaliado e mesmo questionado acerca do estabelecimento do ELG como livro, a exemplo do que foi feito, durante todo o século XX, com o CLG. No entanto, do ponto de vista da cultura, que é o nosso aqui, podemos, sim, defender que, mais uma vez, em relação a Saussure, optou-se pela *forma de obra*.

É essa obra[16] que é, por nós, colocada sob exame. Assim, este *A linguística geral de Ferdinand de Saussure* é um livro que visa apresentar, em suas grandes linhas, aspectos da obra de Saussure referentes à linguística geral que circula no âmbito da cultura. Definimos, dessa maneira, nosso ponto de vista e o material sobre o qual incidirá nossa análise (cf. a segunda parte deste livro): o CLG e o ELG.

A título de contraposição explicativa de nossa decisão, gostaríamos de trazer aqui a perspectiva de Depecker (2012).

Em seu excelente livro, *Compreender Saussure a partir dos manuscritos*, Depecker também opta por estudar um "Saussure da linguística geral". Mas ele faz isso a partir de um ponto de vista diferente do nosso: o dos manuscritos apenas. Segundo ele (2012: 17), "a constatação que pode ser feita sobre esse inventário [dos manuscritos] é simples: os textos publicados por Saussure ainda em vida tratam da gramática das línguas antigas, e não da linguística geral". E acrescenta: "é preciso, portanto, retomar a pesquisa e interrogar os manuscritos capazes de iluminar o pensamento de Saussure sobre linguística geral" (Depecker, 2012: 17).

Essa posição de Depecker o leva a tomar decisões, tais como "deixar de lado o *Curso de linguística geral*" (Depecker, 2012: 22), pois, segundo ele, "se interrogar sobre Saussure a partir da reconstituição representada pelo *Curso de linguística geral* é o melhor meio de girar em falso" (Depecker, 2012: 22).

Como temos dito, nós também estamos interessados no "Saussure da linguística geral", mas pretendemos abordá-lo a partir da noção de *obra*, tal como aqui formulada a partir de Milner (1996). E isso no obriga a considerar os dois livros de linguística geral publicados sob a autoria de Saussure e que têm larga circulação na nossa cultura.

Temos ainda um bom motivo para proceder assim: nosso objetivo aqui não é apresentar ao público leitor uma pesquisa de ordem filológica. Se assim fosse, certamente teríamos de partir de outras fontes documentais. Nosso objetivo é – repetimos – apresentar e discutir a obra de Saussure que se encontra em circulação na cultura. Logo, esse critério delimita, de acordo com nossa definição de *forma de obra* (Milner, 1996), o CLG e o ELG como fontes. A referência, para nós, deixa de ser o "verdadeiro" ou o "falso" Saussure, deixa de ser também "o" pensamento de Saussure: nosso interesse é no Saussure que circula na cultura, que está à disposição de qualquer leitor nas livrarias do mundo.

E nossa decisão não é sem motivo, pois se é verdade que o debate em torno dos "múltiplos" Saussure sempre foi, em um primeiro momento, circunscrito a um ambiente acadêmico, científico e especializado, também não é menos verdade que, na atualidade, o transbordamento para o campo da cultura em geral se dá em decorrência da publicação do ELG.

É sabido de todos que, desde a metade do século XX, os estudos especializados se interessaram pelas várias faces de Saussure, sem que isso tenha provocado efeitos substanciais em um público mais amplo. Essa extensão é mais recente e devida à publicação do ELG.

Então, é preciso admitir que os diferentes Saussure dos especialistas não coincidem com os diferentes Saussure do público em geral – aí incluído o público afeito à didatização do conhecimento, como professores e alunos universitários.

Repetimos: é esse Saussure cuja obra tem circulação ampla em nossa cultura que é aqui examinado.

UM ENSINO *ESOTÉRICO* TRANSFORMADO EM UMA OBRA *EXOTÉRICA*

Pelo título acima, o leitor certamente já percebeu que a dupla[17] *esotérico/exotérico* opera na interpretação que fazemos da obra de Saussure.

Esses termos são utilizados para falar sobretudo nas escolas da antiga Grécia (Lalande, 1996: 321): "é *esotérico* o ensino que é feito apenas no interior da escola, para discípulos completamente instruídos. Sinônimo: *acroamático*"[18]. Por outro lado, "é *exotérico* [...] o que convém ao ensino público e popular". As obras de Aristóteles são distribuídas exatamente conforme essa distinção: as *esotéricas* (*acroamáticas*), compostas para um auditório de discípulos, são pequenos tratados transcritos e reunidos em títulos únicos (o *Organon*, por exemplo); as *exotéricas*, destinadas à publicação para um público maior, foram perdidas, em sua maioria, embora existam ainda fragmentos.

Ora, percebe-se aí (Milner, 1996) que o *esotérico* está ligado ao ensino oral, dirigido a um público de "iniciados" – de acordo com o elemento de composição *eso-*, que indica "dentro, no interior de" (Houaiss, 2009) – e pode eventualmente ser transcrito; o *exotérico* está ligado ao ensino escrito, dirigido a um público exterior à filosofia – de acordo com o prefixo *exo-*, que indica "fora, de fora, por fora, afora" (Houaiss, 2009). Portanto, um dos elementos que determina se um ensino é *esotérico* ou *exotérico* é, além da questão oral/escrito, o público visado, o interlocutor pretendido.

Desse ponto de vista, o ensino de Saussure na Universidade de Genebra tem todas as características do ensino *esotérico* (Trabant, 2005): foi dirigido a um público pequeno de interessados no assunto – embora, não necessariamente de linguistas –, ou seja, um ensino ministrado a um círculo fechado de ouvintes. Nada leva a crer que Saussure almejasse a publicação massiva desse material[19]. É inclusive conhecida a distância mantida por Saussure – sua "grafofobia"[20] – de publicações[21]. Isso fica muito claro em uma carta enviada ao linguista alemão Wilhelm August Streitberg (1856-1925), a propósito de um considerável atraso, referente à entrega de um pequeno artigo (Villani, 1990: 26). Leia-se a carta, a seguir, que apresentamos em tradução nossa:

Ao Senhor e muito estimado colega

O senhor me pergunta, com sua habitual cordialidade, se ainda pretendo enviar-lhe a pequena nota em questão e da qual o senhor não obteve notícias.

Respondo que o senhor deve atribuir o atraso apenas à minha incurável *grafofobia,* pela qual peço desculpas. Nem é preciso dizer que, depois da maneira tão perfeitamente amável com a qual o senhor aceitou receber e guardar o documento em questão, nunca o perdi de vista, mas é minha apatia escritural que prevaleceu.

Desta vez, conte com o envio em oito dias do manuscrito que o senhor deveria ter recebido há três meses!

Com os melhores cumprimentos
F[d] de Saussure

Genthod perto de Genebra
1 de agosto de 1903

Quando vemos de perto a produção de Saussure à luz dessa "grafofobia" – não importa aqui se justificada ou não –, somos levados a rearranjar o que dissemos antes sobre a relação *esotérico*-oral e *exotérico*-escrito. Ora, a produção de Saussure – tanto a oral como a escrita – é, do ponto de vista do público visado, toda *esotérica*, isto é, totalmente voltada para um público de "iniciados", e isso até mesmo quando sua publicação é evitada em virtude da alegada "fobia", pois o fato de Saussure evitar a publicação não implica mudança da interlocução pretendida.

Dito de outro modo, Saussure – seja ministrando suas aulas ou escrevendo suas notas – parece nunca ter visado a um público "externo ao liceu", para lembrar Aristóteles. Nesse sentido, podemos afirmar que tanto o ensino de Saussure nos cursos ministrados na Universidade de Genebra quanto as notas manuscritas referentes à linguística geral, encontradas anos após a publicação do CLG e publicadas no ELG, fazem parte de um ensino *esotérico*, acroamático.

Ambos, porém, foram igualmente transformados em obra *exotérica*. Quer dizer, ao serem publicados, passaram a atingir um público amplo e, com isso, configuram-se à moda do ensino *exotérico*, o que, em nossa interpretação, configura uma *forma de obra*[22].

Evidentemente, o tornar-se *exotérico* não se deu da mesma maneira para o CLG e para o ELG. Há diferenças.

O CLG é o produto de um complexo dispositivo que inclui o ensino oral, sua transcrição pelos alunos, a leitura pelos editores etc. Há, aqui, uma passagem do oral ao escrito intermediada pela escuta e interpretação dos alunos. Trataremos desse dispositivo com mais vagar a seguir (cf. o capítulo "A gênese da *obra* de linguística geral de Saussure"). Como lembra Milner (2002: 15), "a obra estava destinada à comunidade de linguistas, que conhecia os trabalhos científicos de Saussure e que os apreciava", ou seja, talvez a intenção dos organizadores tenha sido mesmo manter as ideias no campo do ensino *esotérico*, mas, sabemos bem, o efeito foi outro: a transformação do CLG em "um clássico da cultura" (Milner, 2002: 16).

O ELG, por sua vez, é desde sempre de natureza escrita, mas, mesmo assim, dirigido – ao menos como leitor suposto – a um público especializado. Não se pode imaginar que Saussure, ao produzir suas notas, não visasse ao público de especialistas. Em favor disso, basta lembra a famosa carta de Saussure a respeito de seus estudos sobre a entonação báltica, enviada a Antoine Meillet, datada de 4 de janeiro de 1894[23], na qual ele confessa seu desgosto com a situação em que se encontrava a linguística de seu tempo.

Estou muito desgostoso com tudo isso e com a dificuldade que há, em geral, em escrever sequer dez linhas tendo o senso comum em matéria de fatos de linguagem. Preocupado, há muito tempo, sobretudo com a classificação lógica desses fatos, com a classificação dos pontos de vista a partir dos quais nós os tratamos, vejo, cada vez mais, a imensidade do trabalho que seria necessário para mostrar ao linguista *o que ele faz* – reduzindo cada operação à sua categoria prevista – e, ao mesmo tempo, a grande insignificância de tudo o que se pode fazer finalmente em linguística (Saussure 1964: 95).

Como é possível ver, na carta a Meillet, Saussure mostra-se preocupado em proporcionar ao linguista a tomada de consciência de sua própria *atividade*, de seu *fazer*. Isso impõe que se reconheça um público específico de linguistas: Saussure queria dizer para os linguistas o que *faz* um linguista.

A consequência, caso se admita nossa interpretação, é pelo menos uma: ambos os livros atribuídos a Saussure, CLG e ELG, passaram, cada um a sua maneira, da forma *esotérica* à forma *exotérica* e se encontram, na cultura em geral, na *forma de obra*. Essa alteração de estatuto, operada pela publicação, tem o efeito de alterar a relação interlocutiva original, o que não pode ser desconhecido na atualidade. Diferentemente do que acontece no âmbito da filologia saussuriana especializada, que trata a produção de Saussure – em especial as fontes manuscritas – ainda na esfera do ensino *esotérico*.

Bem entendido, portanto, defendemos que o Saussure "popular", conhecido de muitas áreas, apregoado como o "pai da linguística" ou ainda sob a alcunha de o "pai do estruturalismo"[24], assume a *forma de obra* ao passar do *esotérico* ao *exotérico*. Isso se diferencia claramente do Saussure dos especialistas, que continua a ser tratado no âmbito do *esotérico*. É do Saussure *exotérico* que nos ocupamos aqui, o que é completamente legítimo.

A *OBRA* E A CIÊNCIA

Defender a tese – que é a nossa aqui – de que o CLG e o ELG assumem a *forma de obra* ao passarem do âmbito *esotérico* ao *exotérico* não implica considerar que os livros se relacionam da mesma maneira com a ciência ou com a cultura. Cada um se inscreve de maneira distinta em cada um desses campos.

Ressentimo-nos, ainda hoje, da falta de referência a pesquisas históricas exaustivas que situem Saussure em seu contexto histórico, social, epistemológico, de modo que se possa compreender em que medida o CLG funda uma ciência linguística e em que medida os manuscritos de Saussure se aproximam ou se distanciam dessa ideia. Ou ainda: como os livros circulam na cultura em geral.

Especificamente sobre o CLG, Normand (2009a: 23) esboça um programa de pesquisa que, segundo pensamos, em suas linhas gerais, poderia ser estendido aos manuscritos presentes no ELG:

> Seria necessário todo um estudo histórico sistemático para situar Saussure no contexto teórico de sua época; estudo este que poderia, talvez, estabelecer em que medida o CLG funda a linguística enquanto ciência, ou seja, introduz uma mudança radical em relação aos discursos anteriores e contemporâneos. Esse estudo deveria tratar não apenas dos trabalhos dos linguistas contemporâneos – sobretudo da descendência dos neogramáticos –, mas também dos trabalhos das outras ciências humanas (sobretudo a sociologia) e da configuração geral das ideias sobre as ciências, "a ciência", o objeto, o método, as relações do sujeito e do objeto no conhecimento, ou seja, dos problemas levantados nos textos filosóficos desse período sobre a teoria do conhecimento.

O fato é que o CLG faz parte de um movimento – extensível a outras áreas das ciências humanas no final do século XIX – das ciências ditas "humanas" de positivação de seu objeto. No entanto, há uma especificidade, no caso da linguística: "é [...] a primeira vez que, sob o modelo da ciência social – chamada por Comte a se constituir como uma 'física' –, a pesquisa sobre a linguagem e as línguas tenta pensar rigorosamente as propriedades de seu objeto e os limites de seu campo" (Normand, 2009b: 83). Na verdade, "Saussure não inventa a questão do *objeto* nem a dos critérios de escolhas que lhe é associada; ela está ligada, nessa época, à reflexão positivista sobre as ciências e sabe-se que essa reflexão constitui em A. Comte a preparação de toda a reflexão científica" (Normand, 2009b: 38). Saussure, no CLG, apenas desloca – de maneira bastante original, cabe dizer – a preocupação com o objeto da ciência para o campo da linguística. Em outras palavras, o CLG não está fora do contexto de seu tempo; como muitas obras que foram produzidas a essa época, ele também se vincula a um modo (positivista) de fazer ciência.

40 A linguística geral de Ferdinand de Saussure

Claudine Normand não vê nisso necessariamente um fator de inviabilização da leitura do CLG em toda a potencialidade das ideias que carrega. Em um depoimento pessoal sobre sua trajetória acadêmica, a grande linguista defende que é necessário "não somente ler e reler atentamente esse texto [o CLG] às vezes obscuro, mas mostrar que os 'outros', os predecessores e contemporâneos imediatos, sobre os mesmos assuntos, falavam de outra coisa" (Normand, 2006: 156). Ou seja, o fato de o CLG ser tomado no mesmo regime discursivo positivista dos outros autores e textos do final do século XIX e início do XX não impede que se reconheça a novidade que constitui esse texto.

Nesse sentido, não seria demais afirmar que os editores do CLG organizaram a obra de acordo com o entendimento que tinham da ciência de seu tempo; um entendimento bastante voltado ao campo do desenvolvimento das ciências e da filosofia no âmbito da validação de métodos científicos e, por conseguinte, de objetos passíveis de análise científica.

O reconhecimento desse contexto é o que leva Simon Bouquet (2000: 13-14)[25] a iniciar o seu livro – polêmico, mas bem fundamentado – *Introdução à leitura de Saussure* dizendo que o CLG *falseia* o raciocínio de Saussure em dois pontos se o comparamos com as notas manuscritas:

> em primeiro lugar, o *Cours* é organizado *segundo a lógica de um sistema acabado* – uma lógica, imposta aos textos originais, que comanda o plano do livro assim como algumas de suas proposições e articulações – enquanto, nas notas dos alunos e nos manuscritos esse sistema, a bem dizer, não existe: esses textos testemunham, ao contrário, um pensamento formado por pinceladas separadas, que chega, em seus desenvolvimentos mais precisos, a assumir a forma de aforismos. Em segundo lugar, a razão que ordena o sistema acabado do *Cours* é a de um discurso homogêneo.

Ora, o pouco que dissemos é suficiente para alertar o leitor a respeito do fato de que tratar o CLG e o ELG sob a *forma de obra,* em função da alteração do âmbito de um ensino *esotérico* para o *exotérico,* não implica a planificação de diferenças que são fundamentais – e fundantes – de cada livro. O primeiro efeito que há em recusar tal planificação é a admissão de que CLG e ELG são textos muito distintos, que obedecem a lógicas distintas e que resultam em leituras distintas.

Nesse sentido, o CLG parece, sim, em função de sua configuração epistemológica, produzir um discurso mais conclusivo a propósito das grandes questões saussurianas do que as fontes manuscritas – marcadas que são por inúmeros inacabamentos (rasuras, brancos, arrependimentos etc.) – deixam entrever[26].

A lógica que ordena o CLG é diferente da lógica que o ELG deixa à mostra: no primeiro, vê-se um todo, relativamente homogêneo, em função de sua natureza de livro redigido com a intenção de "traçar um todo orgânico sem negligenciar nada que pudesse contribuir para a impressão de conjunto" (Bally; Sechehaye, 1975: 3), como dizem os editores no "Prefácio" que fazem ao livro. No segundo, vê-se "o texto do manuscrito, que continua sendo o de um rascunho e não o de um livro acabado" (Bouquet; Engler, 2004: 17), como buscam defender os editores também no "Prefácio" que fazem.

Nesse sentido, é possível considerar que cada obra se relaciona diferentemente com uma perspectiva de ciência que também é diferente em cada caso. Uma ciência de limites claros e mesmo positivistas (Normand, 2009b), no caso do CLG; uma ciência *se fazendo* (*science en train de se faire*), no caso do ELG, como sugere Fehr (1996).

O PONTO DE VISTA DE LEITURA ADOTADO

A leitura dos dois livros tomados como referência aqui – o *Curso de linguística geral* e o *Escritos de linguística geral* – apresenta dificuldades que não são facilmente contornáveis, e elas devem ser claramente explicitadas como forma de justificar procedimentos adotados e mesmo o percurso feito. Essa leitura apresenta particularidades tanto em relação a aspectos *internos* (referentes propriamente à natureza de cada um dos livros) quanto em relação a aspectos *externos* (referentes aos livros entre si).

Comecemos falando nos aspectos *internos* do CLG.

Por onde quer que se inicie a ler o CLG, as dificuldades se avolumam e uma das principais com a qual nos deparamos é a ordem seguida para a leitura. Como veremos a seguir, a ordem de organização do CLG não coincide com a ordem em que os conteúdos foram ministrados por Saussure, no decorrer de seus cursos em Genebra. Somente isso já levaria a uma série de dificuldades; mas há mais: o CLG carrega marcas deixadas pela intervenção dos editores, e elas são de muitos tipos (acréscimos, ajustes conceituais, decisões editoriais etc.).

42 A linguística geral de Ferdinand de Saussure

A título de exemplo, vale lembrar que a célebre frase que encerra o CLG – "*a linguística tem por único e verdadeiro objeto a língua considerada em si mesma e por si mesma*" (CLG, p. 271, destaques do autor) – que justificou, na história da linguística do século XX, a ortodoxia estruturalista imanentista, não é da pena de Saussure. Trata-se de um acréscimo dos editores. Explica De Mauro (1976: 476): "como revelou primeiramente R. Godel (S.M. 119; 181) a última alínea do CLG é 'conclusão dos editores': dito de outro modo, nada nas fontes manuscritas mostra que Saussure teria pronunciado essa célebre frase, e evidentemente ainda menos que ela represente 'a ideia fundamental' de seu ensino".

Especificamente quanto à ordem de apresentação dos conteúdos no livro, Françoise Gadet, em *Saussure: une science du langage* (1987), diz que essa questão está presente desde a gênese das reflexões saussurianas. Como essa ordem não corresponde à das aulas de Saussure, não há razões plausíveis para privilegiá-la em detrimento de alguma outra. A solução apresentada por Gadet é relevante para os nossos objetivos aqui.

Para ela, não havendo motivos para priorizar nem a ordem do CLG, nem a das fontes, nem mesmo uma que tenha sido obtida a partir da gênese dos conceitos, trata-se, então, de seguir uma *ordem lógica* que leve em conta a "posição de cada conceito na configuração teórica de conjunto" (Gadet, 1987: 27).

Essa decisão não é sem custo. Para Gadet, ela carrega duas questões: a da interpretação – pois não há indiferença entre se adotar um ou outro ponto de vista – e a da impossibilidade de compreender o CLG de maneira linear de forma a extrair uma noção e esgotá-la sem que se faça remissão a outras noções no interior do livro. A solução apresentada por Gadet leva em conta abordagens sucessivas, o que não impede eventuais repetições de conceitos e termos, já que ambos estão ligados de muitas e distintas maneiras entre si.

Também nós adotamos a perspectiva de Gadet. Assim, lemos o CLG na ordem que nos pareceu mais adequada para dar conta de nossos interesses, além disso, mais de uma vez, veremos que os conceitos se evocam mutuamente, causando um efeito de certa circularidade.

Quanto aos aspectos *internos* do ELG, parece ser possível adotar procedimento semelhante, mas com alguma especificidade.

Quer dizer, a gênese do livro (cf. o capítulo "A gênese da *obra* de linguística geral de Saussure") também exclui qualquer possibilidade de leitura linear e sem controvérsia. O livro reúne uma série de fontes de diferentes origens, produzidas em épocas distintas do desenvolvimento das ideias de Saussure e com finalidades diversas. Nada justificaria tomar o livro como um bloco monolítico, linearmente constituído por início, meio e fim.

Loïc Depecker (2012), em uma obra que visa abordar o pensamento saussuriano exclusivamente a partir de manuscritos, explica:

> entre as milhares de folhas manuscritas de Saussure, foi necessário escolher. Aqui foram privilegiados os principiais elementos suscetíveis de ressituar a evolução do pensamento de Saussure e de servir para a reflexão linguística de hoje. Portanto, fomos conduzidos a falar muito pouco sobre os manuscritos de fonética ou da soma das folhas que tratam das pesquisas dos anagramas na poesia, em que Saussure se dedicou a descobrir a inscrição dos nomes codificados no corpo de poemas anti-gos. **São principalmente os manuscritos que tratam das questões de linguística geral que são aqui evocados**: conjunto esparso, disperso, heterogêneo, no qual foi necessário, como em um labirinto, reencontrar o caminho (Depecker, 2012: 9, grifo nosso).

Além de adotar esse critério, Depecker (2012: 24) informa que, em seu trabalho, para "recolocar em perspectiva e explicitar várias ideias importantes do pensamento de Saussure [...] o método utilizado foi o de nos apoiarmos primeiramente em manuscritos datados, a fim de estudar a evolução de seu pensamento".

Dessa maneira e com base no que faz Depecker, propomos seguir um caminho semelhante e, de certa forma, já explicitado em Fiorin, Flores e Barbisan (2013), que propõem uma distinção entre *corpus saussuriano* e *corpus de pesquisa,* para fins de estudo das fontes: *corpus saussuriano* é o conjunto de documentos cons-tituído por fontes de natureza heterogênea; *corpus de pesquisa* é o recorte que se faz do conjunto, tendo em vista os objetivos da pesquisa.

Nesse sentido, o *corpus de pesquisa* oriundo do ELG atende ao critério de abordar a linguística geral de Saussure e é representativo desse ponto de vista.

Vale ainda fazer alguma discussão a respeito do que estamos chamando de aspectos *externos* dos livros, ou seja, da relação entre eles. Ora, não podemos negar que há mais de cem anos lemos o CLG; há mais de cem anos nos acostumamos a citá-lo, a concordar com ele ou a dele discordar; há mais de cem anos ensinamos o que nos ensinaram com base no CLG. Portanto, é utópico achar que, em algum momento, olharemos para os manuscritos transcritos na edição do ELG de maneira totalmente liberada dos mais de cem anos de CLG.

Nesse ponto, seguimos de perto a opinião de Trabant (2016: 173), que, ao comentar um livro de Ludwig Jäger[27], considera que uma interpretação que enfatize a "tensão entre o *Curso* e Saussure cria um espaço de problemáticas teóricas que faz do duplo Saussure um importante pensador para a linguística atual". Na verdade, Trabant se pergunta, em seu comentário, se o fato de Saussure ter sido o grande indo-europeísta que foi e "uma cabeça filosófica que colocou questões sobre a essência da linguagem" (Trabant, 2016: 180) seriam suficientes para manter a pesquisa em torno de seu nome se não tivesse existido o *Curso de linguística geral*. E conclui: "é evidente que nosso interesse por Saussure provém do interesse pelo *Curso de linguística geral*. [...]. Sem o *Curso*, ninguém mais hoje em dia se ocuparia de Saussure. Mesmo para dizer que o *Curso* não é de Saussure, o *Curso* está sempre presente. [...]. Um livro sobre Saussure sem o *Curso* não teria sentido" (Trabant, 2016: 180-181). A isso, acrescenta:

> é o *Curso* que faz do Saussure das notas um importante pensador da linguagem. Ele pode ser importante de duas maneiras: de um lado, os suíços consideram o Saussure das notas como fonte de seu Grande Texto, do *Curso de linguística geral*, que eles consideram, sempre, como um livro de base. As notas são, portanto, o passado do *Curso*. Jäger, por seu lado, torna Saussure mais interessante ao insistir na independência desse autor frente ao *Curso*, como um pensador e escritor atormentado numa época de crise da linguística, por volta dos anos 1900 (Trabant, 2016: 181).

Para além das questões que Trabant levanta, interessa-nos pontuar que não é facultado ao leitor de hoje um contato "neutro", "puro", "original", com o ELG, um contato que prescindiria de algum atravessamento do CLG.

Em um trabalho anterior, Trabant (2005: 121) indaga provocativamente: "os *Escritos* com ou sem o *Curso*?". Em resposta, o autor apresenta quatro possibilidades, considerando, ou não, a utilização dos *Escritos*, ironicamente chamado por Trabant de "verdadeiro", "autêntico": pode-se 1) "simplesmente ignorar ou descartar o 'verdadeiro' Saussure e permanecer com o *Curso*"; 2) pode-se "utilizá-lo [...] como informação etimológica que se soma ao prazer e à profundidade de leitura – uso eufórico"; 3) pode-se utilizá-lo "como informação etimológica que joga contra a leitura do *Curso* – uso disfórico"; 4) pode-se, por fim, fazer "a leitura do 'verdadeiro' Saussure apenas, sem o *Curso* [...], lê-se apenas os *Escritos de linguística geral*".

Ora, o autor ratifica o que dissemos anteriormente: "para os antigos leitores do *Curso*, ela [esta quarta possibilidade] é dificilmente imaginável. É difícil voltar a um estado de inocente ignorância" (Trabant, 2016: 121). Lemos o ELG e – queiramos ou não – comparamo-lo com o CLG.

Notas

[1] Este capítulo retoma e aprofunda argumentos apresentados em outros trabalhos nossos que se encontram indicados, no final deste livro, em *Bibliografia do autor e colaboradores sobre Ferdinand de Saussure*.

[2] Os trabalhos apresentados no colóquio foram publicados, em 1974, no número 16 da revista *Recherches Sémiotextes*, intitulado, a exemplo do colóquio, "Les deux Saussure".

[3] Existe uma tradução brasileira: *Saussure: pró e contra. Para uma linguística social*, publicado em 1977, pela editora Cultrix (cf. "Referências", neste livro).

[4] O livro recebeu uma tradução no Brasil. *A língua inatingível: o discurso na história da linguística*, publicada em 2004, pela editora Pontes.

[5] Essa expressão é normalmente atribuída a Jakobson. Testenoire (2019: 397) explica que sua "paternidade se deve, na verdade, a Thomas Aron, em um artigo de 1970 intitulado 'Uma segunda revolução saussuriana?'".

[6] Observe-se que a análise de Lopes coloca no mesmo plano o que é da ordem propriamente da produção intelectual de Saussure e o que é da ordem de sua recepção (Colombat, Fournier e Puech, 2010). Considerar que existe um Saussure estruturalista, por exemplo, é algo que pode ser relacionado à recepção de Saussure pela intelectualidade de uma determinada época, e não propriamente algo que se possa impingir diretamente à sua obra. Para uma visão sobre a recepção de Saussure no Brasil, ver Flores (2017).

[7] O que vemos de muito interessante nessa nota de Bouquet é que, ao mesmo tempo em que ela explicita o que o autor exclui de seu horizonte de pesquisa, ela detalha, no grupo do que é excluído, outra possibilidade de visão geral do conjunto da produção de Saussure.

[8] Para mais informações consultar: https://archives.bge-geneve.ch/archive/fonds/saussure_ferdinand_de

[9] Ver, nessa perspectiva, a propósito dos anagramas saussurianos, o trabalho de Souza (2018). Sobre as lendas germânicas, ver Henriques (2018). Sobre os manuscritos de fonética, ver Silva e Lima (2019).

[10] A questão da autoria, em se tratando de Saussure, é um tema complexo, que pode ser examinado de diferentes ângulos. A esse respeito, vale ler o trabalho de Silveira, Sá e Fernandes (2019) que, diferentemente de nós, baseia-se em Foucault para desenvolver sua perspectiva. Outra análise da autoria em Saussure – também distinta da nossa, alinhada que é à perspectiva milneriana – é feita por Trabant (2005: 114), o qual, após afirmar, referindo-se ao CLG, que "Saussure (...) não é um autor. Saussure é um texto", considera que "isso não impede, por outro lado, que haja um autor chamado Saussure, que escreveu livros, artigos e deixou manuscritos. Mas ele ainda é um escritor distante deste texto que foi escrito em seu nome" (Trabant, 2005: 116). Por último, não poderíamos deixar de mencionar a opinião de Bouquet (2000: 62-63), cuja formulação (polêmica?) é autoexplicativa: "Saussure nos aparece, através da publicação do *Cours*, como um autor, mas essa imagem é completamente ilusória, não só por não ter escrito esse livro, mas também – e mais profundamente talvez – por não ter escrito nenhum. Em toda a sua carreira, ele não produziu, parece, uma única obra, nem mesmo um artigo científico, motivado apenas pela perspectiva de uma publicação: o *Mémoire* e a monografia sobre o *emprego do genitivo absoluto em sânscrito* são trabalhos universitários obrigatórios; quase todos os artigos curtos publicados entre 1877 e 1912 são contribuições às *Mémoires de la Société de linguistique*, obrigatórias também pelo fato de ele pertencer à dita Sociedade".

46 A linguística geral de Ferdinand de Saussure

[11] Os argumentos que utilizamos aqui para propor essa noção de *obra* e aplicá-la a Saussure derivam de um importante livro de Milner, intitulado *A obra clara. Lacan, a ciência, a filosofia.* Nele, o linguista examina a ideia de uma *obra de Lacan,* constituída, em especial, pelos escritos e não pelos seminários transcritos. Embora Milner, em um parágrafo que citaremos adiante, fale em Saussure, seu raciocínio limita-se mesmo à produção do psicanalista. Portanto, o deslocamento proposto para defender a existência de *uma obra* de Saussure, nos termos aqui propostos, é de nossa inteira responsabilidade.

[12] J.-C. Milner (1996: 25 n.2) diz que, em sua reflexão sobre a noção de obra, *"cultura* será sistematicamente entendido no sentido francês, e não como o correspondente do termo *Kultur".* O que Milner quer dizer com isso? Explicamos: o *Dictionnaire de la philosophie* da *Encyclopædia Universalis* [Dicionário da filosofia da Enciclopédia Universal] diz, em seu verbete "Culture et civilisation" [Cultura e civilização], que "o pensamento germânico, assumindo a *cultura mentis* sob a forma da *Kultur,* designa, de fato, a partir de Herder, depois em Humboldt, em Burckhardt e em Nietzsche, a tensão das formas de expressão que são características de um povo; o uso francês, por sua parte, desenvolveu sob o comando da civilização a definição e a análise das condições de redução do estado de violência" (Kaufmann, 2000: 328).

[13] Milner diz que, na modernidade, esse dispositivo "prevalece e inclusive se amplia, *mutatis mutandis,* a todos os domínios da cultura; as diversas artes estão doravante submetidas à forma da obra, cada uma determinando o que para ela funciona como equivalente da publicação (representação teatral, exposição, programa de televisão, censura etc.)" (Milner, 1996: 12).

[14] Termo utilizado por Milner (1996: 11) para referir tanto os trabalhos de Lacan publicados no livro, de 1966, *Escritos,* quanto os publicados na revista *Scilicet.*

[15] A publicação do livro de Milner que estudamos aqui é de 1995 e sua tradução brasileira é de 1996. A publicação francesa do ELG é de 2002 e sua tradução no Brasil é publicada em 2004.

[16] Bem entendido, a noção de "obra" que construímos aqui relativamente a Saussure é fortemente inspirada na reflexão de Milner a propósito de Jacques Lacan. No entanto, outros entendimentos dessa noção são possíveis. A esse respeito, vale a pena ler o trabalho de Silveira, Sá e Fernandes (2019), que é, por sua vez, respaldada no filósofo Michel Foucault.

[17] Essa dupla está também presente no raciocínio de Milner (1996), mas, como dissemos, aplicada à obra do psicanalista Jacques Lacan.

[18] Cf. Houaiss (2009), usa-se o adjetivo para referir o que se transmite oralmente. Refere-se, também ao ensino esotérico do filósofo Aristóteles, dirigido apenas aos discípulos admitidos no liceu.

[19] Engler, no "Prefácio" que faz à edição crítica do CLG, lembra a recusa de Saussure em publicar: "quando seus amigos e alunos lhe pediram para publicar o essencial, ele recusou: 'quanto a um livro sobre esse assunto, nem se pode aqui sonhar: ele deve apresentar o pensamento definitivo de seu autor" (Engler: 1989: IX).

[20] Como se vê a seguir, é Saussure mesmo quem se "autodiagnostica" usando a palavra "grafofobia". Ele evoca o seu "horror à escrita" em várias cartas endereçadas a Wilhelm August Streitberg: "um horror quase doentio à pena" (Villani, 1990: 21), "horror de escrever" (Villani, 1990: 24) etc. Essa correspondência pode ser encontrada no volume 44 do *Cahiers Ferdinand de Saussure* em apêndice a um excelente texto de Paola Villani (1990), "Documenti saussuriani conservati a Lipsi e a Berlino".

[21] A esse respeito vale ler o excelente artigo de Benveniste (1988), "Saussure após meio século", presente no primeiro volume de *Problemas de linguística geral.*

[22] Nosso raciocínio vai quase integralmente de par com o que coloca Trabant (2005: 117), ao afirmar que as pesquisas filológicas em torno do CLG e das demais fontes manuscritas de Saussure "mostram um pensamento esotérico, acromático, mais rico, mas também mais incerto, mais caótico, que teria encontrado sua forma exotérica e clara no *Curso".* Para nós, essa forma *exotérica* é extensível ao ELG, nos termos em que foi editado por Simon Bouquet e Rudolf Engler.

[23] Essa carta foi apresentada pela primeira vez, em uma versão incompleta, no livro de Robert Godel, *Les sources manuscrites du Cours de linguistique générale* [As fontes manuscritas do Curso de linguística geral], em 1957, e foi reeditada, numa versão completa, no *Cahiers Ferdinand de Saussure* [Cadernos Ferdinand de Saussure], número 21, em 1964, em uma organização feita por Émile Benveniste. Nesse número há outras cartas de Saussure endereçadas a Meillet. Fazemos, aqui, a citação a partir do *Cahiers,* em tradução nossa. Ver: o *Cahiers Ferdinand de Saussure,* nº 21, editado por Émile Benveniste.

[24] Sobre esse tema, tratamos no "Apêndice: breve nota sobre Saussure e o estruturalismo".

[25] Bouquet procede à essa análise para, no fim das contas, mostrar os termos pelos quais o CLG "oferece (...) um reflexo deformado do pensamento que pretende divulgar" (Bouquet, 2000: 13). Quer dizer, a análise de Bouquet leva-o a recusar o CLG, sob a alegação de que se trata de uma *vulgata* que distorce o pensamento saussuriano. Não recorremos a Bouquet para corroborar essa sua conclusão; ela pouco nos diz respeito. Na verdade, o que consideramos pertinente são as grandes linhas de sua análise epistemológica. Nesse sentido, compartilhamos com Bouquet de boa parte de seus argumentos sem, contudo, endossar sua conclusão acerca do CLG.

[26] Para se ter uma ideia do que essa diferença pode acarretar, basta mencionar, mesmo que de passagem, as análises feitas por Milner (2002: 25-26) e Bouquet (2000: 16, n. 7) a propósito da visão de ciência implicada em cada um desses textos. Milner dirá que o CLG se baseia num modelo *aristotélico* de ciência; Bouquet, por sua vez, dirá, que isso não passa de ilusão de ótica produzida pelo CLG. O modelo que as fontes manuscritas deixam entrever é *galileano*.

[27] Trata-se, na verdade, de uma resenha feita por Jürgen Trabant do livro de Ludwig Jäger, *Ferdinand de Saussure zur Einführung* [Ferdinand de Saussure: uma introdução], de 2010, considerado por Trabant "de longe o melhor livro em língua alemã escrito até hoje sobre o grande linguista genebrino" (Trabant, 2016: 173).

Breve história
das fontes saussurianas
de linguística geral

Não é fácil traçar uma história minimamente satisfatória das fontes saussurianas, em especial devido à heterogeneidade que as constitui, à sua dispersão e mesmo ao longo período em que foram descobertas e reunidas[1]. Há uma vastidão de fontes disponíveis que incluem desde obras póstumas até trabalhos escritos e publicados por Ferdinand de Saussure; há fontes manuscritas de Saussure (publicadas ou não); há cartas de Saussure (pessoais e profissionais); há anotações de alunos de Saussure; há cartas de alunos; há edições críticas etc. Uma história completa, que inclua o aparecimento de todas as fontes saussurianas, sua localização, publicações etc., ainda está por aparecer em língua portuguesa.

Assim, seguimos aqui o mesmo procedimento adotado por Bouquet (1998), que se dedica apenas ao que considera ser "a linguística geral" de Saussure, expressão usada para designar o conjunto de reflexões de um domínio específico da produção intelectual do genebrino[2].

Nesse sentido, então, o leitor verá que não constam nesta *Breve história* referências a produções importantes de Saussure, tais como: a) o *Recueil des publications scientifiques de Ferdinand de Saussure* [Compilação das publicações científicas de Ferdinand de Saussure], de 1922[3]; b) os estudos sobre os anagramas[4]; c) os estudos sobre as lendas germânicas[5]; d) os estudos de fonética[6], entre outros. Em virtude disso, fazemos aqui apenas uma introdução ao tema, dando ênfase às fontes voltadas à linguística geral que tiveram maior impacto quando de sua divulgação.

50 A linguística geral de Ferdinand de Saussure

- **1913** – O *Curso de linguística geral*
Sem dúvida, essa é a primeira fonte saussuriana. Sua importância é muito bem avaliada por Benveniste (1988: 48-49), em seu artigo-homenagem "Saussure após meio século":

> Três anos após a morte de Saussure aparecia o *Cours de linguistique générale*, redigido por Bally e Séchehaye segundo notas dos estudantes. Em 1916, no retinir das armas, quem poderia preocupar-se com um trabalho de linguística? Nunca foi mais verdadeira a palavra de Nietzsche de que os grandes acontecimentos chegam sobre patas de pombos.

- **1954** – *Cahiers Ferdinand de Saussure*[7] n° 12[8].
Notas inéditas de Saussure, organizadas por Robert Godel, a partir de uma cópia de Sechehaye.
- **1957** – *Cahiers Ferdinand de Saussure* n° 15.
Notas manuscritas de alunos de Saussure (Albert Riedlinger, François Bouchardy, Léopold Gautier) no segundo curso, publicadas por Robert Godel com o título *Cours de Linguistique Générale* (1908-1909). *Introduction (d'après des notes d'étudiants)* [Curso de linguística geral (1908-1909). Introdução (a partir das notas dos estudantes)].
- **1957** – *Les sources manuscrites du Cours de linguistique générale de F. de Saussure* [As fontes manuscritas do Curso de linguística geral].
Tese de Robert Godel que faz um profundo levantamento das fontes utilizadas para a organização do CLG.
- **1958-1959** – *Cahiers Ferdinand de Saussure* n° 16.
Observações sobre os cadernos de Émile Constantin, aluno de Saussure cujas notas não foram consideradas na confecção do CLG, publicadas por Robert Godel com o título *Nouveaux documents saussuriens* [Novos documentos saussurianos].
- **1967** – *Corso di linguística generale*. Introduzione, traduzione e comento di Tullio De Mauro [Curso de linguística geral. Introdução, tradução e comentário de Tullio De Mauro]
Trata-se de uma edição crítica do CLG. É considerado um dos trabalhos críticos mais importantes feitos até hoje. Tullio De Mauro apresenta, em apêndice, 305 notas ao texto do CLG, com informações explicativas de conceitos e da gênese do livro, além de notas biográficas e acerca da fortuna crítica de Ferdinand de Saussure. A tradução francesa das notas é de 1972[9].

- **1968[10]-1974** – *Cours de linguistique générale*. Edição crítica por Rudolf Engler Trata-se de um trabalho de grande envergadura. No primeiro volume, de 1968, estão dispostas em seis colunas as fontes encontradas por Engler. Na primeira coluna, encontra-se o texto do CLG tal como publicado em 1916, com as modificações introduzidas na 2ª (de 1922) e na 3ª (de 1931) edições. As colunas 2, 3, 4 e 5 são compostas das notas dos alunos de Saussure no *Primeiro Curso* (1907), no *Segundo Curso* (1908-1909) e no *Terceiro Curso* (1910-1911)[11]. A sexta coluna traz notas pessoais de Saussure. No segundo volume, de 1974, encontramos "um apêndice à edição sinótica do CLG [a do volume 1] e de suas fontes" (Engler, 1989: IX). Nele, há as notas de próprio punho de Saussure, boa parte delas reeditadas por Simon Bouquet e Rudolf Engler nos *Escritos de linguística geral*, sob a denominação de "Antigos documentos".

- **1993** – O *Troisième Cours de linguistique générale / Third Course in General Linguistics (1910–1911), d'après les Cahiers d'Emile Constantin* (editado por Eisuke Komatsu/ Roy Harris) [Terceiro curso de linguística geral (1910-1911), a partir dos cadernos de Emile Constatin].
  Edição bilíngue francês-inglês das notas de Constantin, consideradas bastante completas. Há uma outra publicação dessas notas em texto estabelecido, desta vez, por Claudia Mejía Quijano[12] no *Cahiers Ferdinand de Saussure* nº 58, em 2005.

- **1996** – O *Premier Cours de linguistique générale / First Course in General Linguistics (1907), d'après les cahiers d'Albert Riedlinger* (editado por Eisuke Komatsu/ George Wolf) [Primeiro curso de linguística geral (1907), a partir dos cadernos de Albert Riedlinger].

- **1996** – Descoberto um conjunto de manuscritos de Saussure que estava na residência da família. São documentos bastante completos sobre linguística.

- **1997** – O *Deuxième Cours de linguistique générale / Second Course in General linguistics (1908-1909), d'après les cahiers d'Albert Riedlinger & Charles Patois* (editado por Eisuke Komatsu/ George Wolf) [Segundo curso de linguística geral (1908-1909), a partir dos cadernos de Albert Riedlinger e Charles Patois].

- **2002** – O conjunto de manuscritos descoberto em 1996 é editado por Simon Bouquet e Rudolf Engler e publicado com o título de *Sobre a essência dupla da linguagem*, no interior de *Écrits de linguistique générale,* livro organizado por Bouquet e Engler, com a colaboração de Antoinette Weil. O livro aparece no Brasil, em 2004, como o título de *Escritos de linguística geral.*

Sobre o manuscrito descoberto em 1996, cabem alguns esclarecimentos de ordem filológica (Rastier, 2016; Silveira, 2022). O grande manuscrito desse conjunto de notas, o *Sobre a essência dupla da linguagem*, recebeu, em 2011, uma edição crítica feita por René Amacker. Uma grande parte desses manuscritos, quando foram encontrados, estava no interior de um grande envelope no qual Saussure havia escrito "Science du Langage" (Ciência da linguagem), o que leva Amacker a considerar que esse seria mesmo o título correto do conjunto de documentos, figurando "De la double essence du langage" (Da essência dupla da linguagem) apenas como subtítulo (Amacker, 2011: 12). Existe, ainda, uma transcrição diplomática *online* estabelecida por Rudolf Engler[13].

Notas

[1] As fontes utilizadas para a organização deste capítulo são Godel (1969 e 1960), Benveniste (1988 [1963]) De Mauro (1976), Gadet (1987), Fehr (2000) Buss, Ghiotti e Jäger (2003), Joseph (2012a) e Depecker (2012).

[2] De maneira diferente, mas com igual propósito, é o recorte instaurado por Depecker (2012: 9).

[3] Organizado por Charles Bally e Léopold Gautier, reúne as teses *Mémoire sur le système primitif des voyelles dans les langues indo-européennes* [Memorial sobre o sistema primitivo das vogais nas línguas indo-europeias], de 1878, e *De l'emploi du génitif absolu en sanscrit* [Sobre o emprego do genitivo absoluto em sânscrito], defendida em 1880 e publicada em 1881, além de textos e comunicações sobre temas relativos à gramática comparada, escritos e publicados entre 1877 e 1912.

[4] Ver, por exemplo, Starobinski (1974) e Testenoire (2013a; 2013b).

[5] Conforme informa Pinheiro (2016: 56), "os manuscritos de Saussure sobre as lendas encontram-se no departamento de Manuscritos da Biblioteca de Genebra, divididos em três lotes: 8 cadernos, 383 folhas (BGE Ms. fr. 3958/1 a 8), 10 cadernos, 228 folhas (BGE Ms. fr. 3959/1 a 10) e 228 folhas avulsas (BGE Ms. fr. 3959/11)".

[6] Por exemplo, "Les manuscrits saussuriens de Harvard" [Os manuscritos saussurianos de Harvard], publicados por Herman Parret no número 47 do *Cahiers Ferdinand de Saussure*, em 1993. Também a publicação por Maria Pia Marchese das notas sobre fonética presentes nos manuscritos de Harvard. Ver: *Phonétique. Il manoscritto di Havard*, Houghton Library, edizione a cura de Maria Pia Marchese, Università degli studi di Firenze. Unipress, Padova, 1995. *Théorie des sonantes: Il manuscritto di Geneva*. Edizione a cura de Maria Pia Marchese, Università degli studi di Firenze. Padoue: Unipress, 2002.

[7] Trata-se de uma importante revista, criada em 1941 pela Société Genevoise de Linguistique e assumida pelo *Cercle Ferdinand de Saussure* em 1957, consagrada ao estudo da obra de Saussure. Ver: https://www.cercle-ferdinanddesaussure.org/les-cahiers-ferdinand-de-saussure/.

[8] Além dos números 12, 15 e 16 aqui mencionados do *Cahiers Ferdinand de Saussure*, o leitor encontrará fontes importantes nos números 17, 21, 24, 27, 28, 29, 32, 34, 42, 44, 47, 48, 58, entre outros.

[9] Usamos aqui a versão francesa da obra de Tullio De Mauro (cf. "Referências", neste livro).

[10] Usamos aqui a edição de 1989 (cf. "Referências", neste livro).

[11] Constam notas dos seguintes alunos: Albert Riedlinguer, Louis Caille, Léopold Gautier, François Bouchardy, Émile Constantin, George Dégallier, Mme. A. Sechehaye, Francis Joseph.

[12] Claudia Mejía Quijano também publica outros manuscritos anexos a *Le cours d'une vie: portrait diacronique de Ferdinand de Saussure* (2008).

[13] Ver: http://www.revue-texto.net/Saussure/Saussure.html. Acesso em: 13 nov. 2022.

A gênese da *obra*
de linguística geral de Saussure

Neste capítulo, apresentamos ao leitor a complexa gênese que dá origem aos dois livros atribuídos a Saussure e que, segundo nossa perspectiva, constituem a *obra* de Saussure de circulação na cultura: o *Curso de linguística geral* (CLG) e o *Escritos de linguística geral* (ELG).

A ideia é dar a conhecer o dispositivo mobilizado pelos editores para trazer os livros a público e, com isso, auxiliar no estabelecimento de leituras mais condizentes com a natureza dos livros.

O CURSO DE LINGUÍSTICA GERAL (CLG)

O CLG é um livro póstumo, publicado em 1916. Essa observação é tão comum hoje em dia que até quem nunca o leu é capaz de repeti-la. No entanto, essa aparente simplicidade de formulação oculta uma complexa gênese que não pode ser desconhecida do leitor.

Em primeiro lugar, é necessário desfazer um mal-entendido ainda hoje difundido: não foram os alunos dos cursos ministrados por Saussure na Universidade de Genebra que organizaram e editaram o CLG, mas dois colegas seus, com a colaboração de um aluno. Os linguistas Charles Bally e Albert Sechehaye não estavam presentes nos cursos[1]; apenas Albert Riedlinger – que aparece como colaborador no CLG, logo abaixo dos nomes de Bally e Sechehaye, que aparecem como organizadores.

Essa informação é corrente entre os especialistas e fartamente reiterada na fortuna crítica saussuriana. É isso que afirma, por exemplo, Bouquet (2009: 164), quando fala em Riedlinger: "Albert Riedlinger, com o qual Bally e Sechehaye, que não assistiram às lições, coassinam o livro de 1916"; é o que explica Bouissac (2012: 196-197), ao comentar que "Bally e Sechehaye, que assistiram a algumas aulas de Saussure sobre gramática comparativa, não estiveram presentes em nenhum dos três cursos de linguística geral ministrados por Saussure"; é o que esclarece Depecker (2012: 11), ao dizer que "Ferdinand de Saussure é o autor de um *Curso* que ele não escreveu. O *Curso de linguística geral* é obra de dois de seus discípulos, Charles Bally e Albert Sechehaye, reconstituído a partir de anotações feitas por alunos durante o curso de Saussure. Mas nenhum dos dois assistiu a seus cursos de linguística geral". Por último, cabe lembrar a declaração dos próprios Bally e Sechehaye (1975: 2), no prefácio que fazem ao CLG. Ao lamentarem a inexistência de notas da mão de Saussure, dizem: "essa verificação nos decepcionou tanto mais quanto obrigações profissionais nos haviam impedido quase completamente de nos aproveitarmos de seus [de Saussure] derradeiros ensinamentos".

E por que iniciamos nossa apresentação da gênese do CLG com tamanha insistência sobre esse ponto? É que ele é determinante da compreensão que se pode ter do livro. Quem explica melhor é Trabant (2019: 383-384) cuja passagem a seguir, apesar de longa, merece ser citada na íntegra:

> Sempre soubemos – e ignorávamos regiamente – que o *Curso* carecia de autor ou, mais exatamente, que ele não havia sido escrito por Ferdinand de Saussure. Sabíamos explicitamente desde o livro de Godel de 1957 sobre as *Fontes manuscritas* e o ignorávamos da mesma forma. O *Curso* é um livro escrito depois da morte de Ferdinand de Saussure em 1913, por dois colegas de Genebra, com base nos cadernos de anotações de estudantes que haviam frequentado os cursos de Saussure sobre a linguística geral entre 1907 e 1911. Os dois colegas, Charles Bally e Albert Sechehaye, não assistiram às aulas. Eles não são, portanto, nem mesmo ouvintes, *akroatai*, de um ensino acroamático. Como Saussure tinha o hábito de destruir as notas para seus cursos, não havia sequer manuscritos da mão do próprio Saussure, portanto, de *primeira* mão. [...] Os documentos de que dispomos são de *segunda* mão, oriundos de um processo acroamático e fonográfico. Como Ferdinand de Saussure era um linguista mundialmente conhecido como indo-europeísta, Bally e Sechehaye queriam trazer a público as últimas ideias linguísticas, o ensino acroamático, do colega genial. Eles publicaram, por conseguinte, três anos depois da morte do grande linguista, um livro que está ligado a Ferdinand de Saussure apenas indiretamente, logo, um escrito de *terceira* mão. O dispositivo de escrita do livro, impresso pela primeira vez em 1916, é portanto o seguinte: Saussure fala (Fonte), escuta + escrita1 dos estudantes (*akroatai*, fonógrafos), leitura de Bally e Sechehaye dessas notas, escrita2 de

Bally e Sechehaye, publicação (impressão): *Curso*. Esse dispositivo implica uma grande distância entre a Fonte e o produto final. Depois da produção oral, a voz, a Fonte, há quatro ou cinco outras atividades linguísticas de outras pessoas até a produção do texto. A produção textual normal se faz num só nível, ao nível da Fonte (+impressão).

Não há dúvidas, trata-se de um dispositivo complexo que não pode ser ignorado pelo leitor que entra em contato com o livro. Com base no que diz Trabant (2019), propomos um esquema ilustrativo do dispositivo de construção do CLG.

Figura 1 – Dispositivo de construção do CLG

O DISPOSITIVO DE CONSTRUÇÃO DO CLG

Palavras de Saussure (as aulas)

↓

Escuta dos alunos com registro escrito

↓

Leitura de Bally e Sechehaye

↓

Escrita de Bally e Sechehaye

↓

O CLG

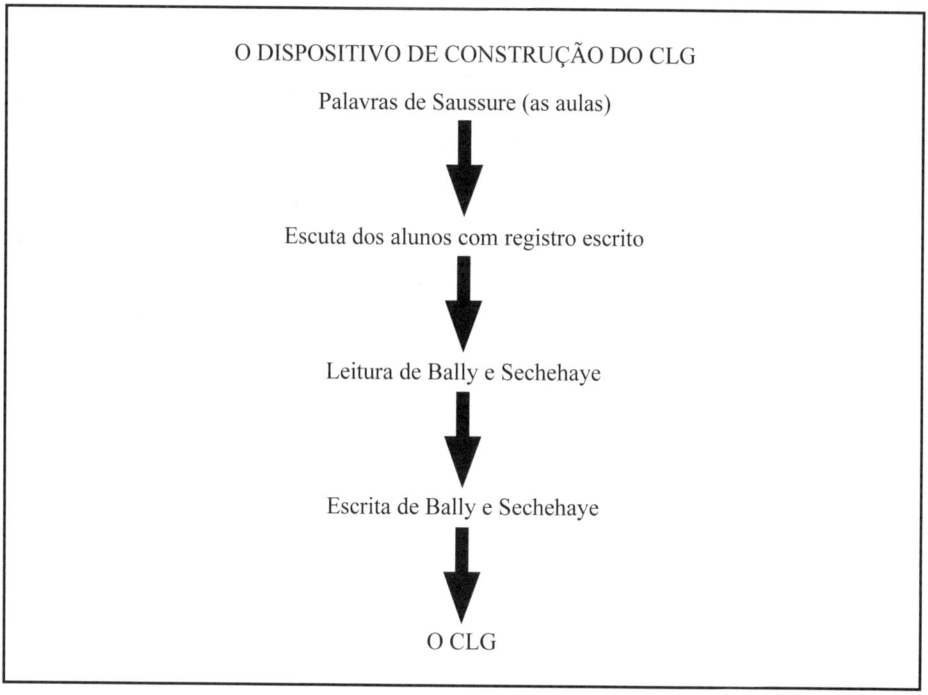

Fonte: elaborado pelo autor com base em Trabant (2019).

Esse esquema pode, de um lado, servir de guia para o leitor na medida em que deixa à mostra a gênese da obra; de outro lado, de advertência, na medida em que evidencia tratar-se de livro com características incomuns.

O segundo ponto que cabe chamar a atenção – de certa forma, decorrente do anterior – diz respeito à divergência entre a ordem dos conteúdos ministrados nos cursos de Saussure na Universidade de Genebra e a ordem estabelecida no CLG[2].

56 A linguística geral de Ferdinand de Saussure

Bally e Sechehaye são, a bem da verdade, os primeiros a destacarem esse ponto. No "Prefácio à primeira edição" do CLG, explicam que tomaram o terceiro curso como base do conteúdo do livro e, a partir dele, tentaram elaborar *uma síntese* dos cursos. Nesse sentido, podemos concluir que a ordem dos conteúdos dentro do livro é determinada pelos editores, ou seja, "o plano [do CLG] foi estabelecido sobre a base do terceiro curso, mas a ordem das divisões gerais, indicada e justificada por Saussure, não foi mantida" (Godel, 1969: 98). Falemos um pouco sobre os cursos.

Saussure sucede o filólogo Joseph Wertheimer no ensino de linguística geral na Universidade de Genebra em dezembro de 1906. A partir de então, ministra três cursos de linguística geral[3]: o primeiro em 1907; o segundo entre 1908 e 1909; o terceiro entre 1910 e 1911[4].

O **Curso I** (De Mauro, 1976: 353) aborda 1) a fonologia (*Lautphysiologie*); 2) a linguística evolutiva; 3) as mudanças fonéticas e analógicas; 4) as relações entre as unidades percebidas sincronicamente pelos falantes e raízes, sufixos, além de outras unidades isoladas da gramática histórica; 5) a gramática histórica; 6) a etimologia popular; e 7) os problemas da reconstrução.

Nesse curso, são apresentados de maneira inicial termos como *signo, sistema, valor, língua, fala* (Joseph, 2012a: 506-507*), sincronia e diacronia* (Joseph, 2012a: 512 e ss), além das relações entre línguas e linguagem (Joseph, 2012a: 498).

O **Curso II** (De Mauro 1976: 353) apresenta a relação entre teoria dos signos e teoria da língua. Nele, são definidos *sistema, unidade, identidade* e *valor linguístico*. Desse conjunto de definições, são deduzidas as perspectivas sincrônicas e diacrônicas de estudo da língua.

O **Curso III** (De Mauro, 1976: 354) desenvolve, inicialmente, o tema da diversidade das línguas para chegar à noção de língua e, desta, ao linguístico (Gadet, 1987: 21). Eis a ordem do terceiro curso. Segundo Fehr (2000: 54 e ss), o terceiro curso previa uma articulação entre três partes: as línguas, a língua, a faculdade e o exercício da linguagem nos indivíduos[5].

Os editores (Godel, 1969: 100) distribuíram esses conteúdos no CLG da seguinte maneira[6] (cf. quadros, a seguir):

Quadro 1 – Curso I – CLG

Curso I	Base da *Terceira parte* do CLG, dos *Apêndices A e B* e do *Capítulo III* da *Quinta parte*.

Quadro 2 – Curso II – CLG

Curso II	Fonte complementar de todo o CLG, além de base principal do *Capítulo V* da *Introdução*; dos *Capítulos III, VI e VII* da *Segunda parte*; do *Capítulo VIII* da *Terceira parte* e dos *Capítulos I e II* da *Quinta parte*.

Quadro 3: Curso III – CLG

Curso III	Fonte da *Introdução* do CLG (menos o *Capítulo V* e o *Apêndice Princípios de fonologia*), do restante da *Primeira parte*, da *Segunda parte*, da *Quarta parte* e dos dois últimos capítulos da *Quinta parte*.

Sobre essa organização, assim se manifestam os editores, no "Prefácio à primeira edição" do CLG:

> *Decidimo-nos por uma solução mais audaciosa, mas também, acreditamos, mais racional: tentar uma reconstituição, uma síntese, com base no terceiro curso, utilizando todos os materiais de que dispúnhamos, inclusive as notas pessoais de F. de Saussure. Tratava-se, pois, de uma recriação, tanto mais árdua quanta devia ser inteiramente objetiva; em cada ponto, penetrando até o fundo de cada pensamento específico, cumpria, à luz do sistema todo, tentar ver tal pensamento em sua forma definitiva, isentado das variações, das flutuações inerentes à lição falada, depois encaixá-lo em seu meio natural, apresentando-lhe todas as partes numa ordem conforme à intenção do autor, mesmo quando semelhante intenção fosse mais adivinhada que manifestada* (Bally; Sechehaye, 1975: 3, destaque dos autores).

Em resumo, é bastante evidente que cabe ter em mente a complexidade da ordenação dos conteúdos presentes no CLG, em relação aos cursos ministrados por Saussure, para que se possa fazer uma leitura adequada do livro.

Por último, cabe destacar um terceiro ponto, decorrente dos dois anteriores, que deve ser levado em conta quando da leitura do CLG. Há uma considerável flutuação terminológica no livro, e consequente flutuação conceitual, à qual o leitor deve estar atento. Daremos aqui apenas alguns poucos exemplos ilustrativos.

58 A linguística geral de Ferdinand de Saussure

Saussure, durante os seus cursos, utilizou o termo "signo" para designar o conjunto formado de significante e significado, mas também para designar apenas uma face do signo, a nomeada inicialmente como "imagem acústica" e, posteriormente, como "significante". Essa flutuação aparece no CLG. Observemos:

> o ponto de partida do circuito se situa no cérebro de uma delas [das pessoas do circuito], por exemplo *A*, onde os fatos de consciência, a que chamaremos conceitos, se acham associados às representações **dos signos linguísticos ou imagens acústicas** que servem para exprimi-los (CLG, p. 19, grifo nosso).

Nessa passagem, o CLG coloca "signos linguísticos" como sinônimo ("ou") de "imagens acústicas". Mais adiante, no CLG, lemos:

> entre todos os indivíduos assim unidos pela linguagem, estabelecer-se-á uma espécie de meio-termo; todos reproduzirão – não exatamente, sem dúvida, mas aproximadamente – **os mesmos signos unidos aos mesmos conceitos** (CLG, p. 21, grifo nosso).

Nesse caso, temos "signo" claramente colocado como a face distinta do "conceito". Um último exemplo sobre o tema: o CLG fixa a terminologia *signo/ significante/ significado* no "Capítulo 1" da "Primeira parte" (CLG, p. 81). No entanto, volta a usar mais adiante, no decorrer do livro, os termos "imagem acústica" e "conceito". Por exemplo: "Tanto a imagem acústica como o conceito mudaram" (CLG, p. 89).

Enfim, tudo o que foi dito até aqui parece ser suficiente para colocar o leitor em estado de vigilância constante, para que possa desfrutar, da melhor maneira possível, da leitura do CLG, sem minimizar pontos importantes que o constituem e o caracterizam como uma fonte complexa do pensamento de Saussure.

O *ESCRITOS DE LINGUÍSTICA GERAL* (ELG)

O livro *Escritos de linguística geral* (ELG) também é um livro póstumo. Ele foi publicado em 2002, na França, e foi traduzido no Brasil em 2004. Não é fácil lê-lo e, certamente, o leitor poderá melhor aproveitá-lo se ficar atento a alguns pontos importantes.

O primeiro ponto que vale a pena destacar é de ordem geral e diz respeito ao fato de o ELG não ser um livro comum, dividido em capítulos, com progressão de conteúdo e com alguma evidente homogeneidade. Na verdade, nele, encontramos reunida uma significativa quantidade de manuscritos que foram produzidos por Saussure em épocas distintas de sua vida e para fins distintos. Tais manuscritos foram trazidos a público ao longo de todo o século XX em diferentes formatos e momentos. O único elemento que os une talvez seja o tema da "linguística geral" (cf. o capítulo "A linguística geral", adiante), já que eles são muito heterogêneos entre si do ponto de vista de sua configuração textual, de seu acabamento etc.

Como dissemos no capítulo "Ferdinand de Saussure: quantos existem?", anteriormente, a atribuição feita por Rudolf Engler e Simon Bouquet – organizadores e editores do ELG – de um título e de uma autoria dá ao livro a *forma de obra,* com identidade na multiplicidade da cultura. No entanto, isso pode encobrir a gênese do livro, e é muito importante entendê-la para melhor operar com o seu conteúdo.

O livro é composto por manuscritos que se distribuem em dois grupos: (a) documentos antigos, anteriores a 1996 (oriundos da edição de Engler (1968-1974), sobre a qual já tratamos), e (b) documentos descobertos em 1996. Consideremos cada um em separado.

Os manuscritos do grupo (a) são, em sua maior parte, "desiguais e fragmentários" (Bouquet; Engler, 2004: 15). Há exceções, sem dúvida, como as "Conferências" ministradas por Saussure na Universidade de Genebra, em 1891, e o rascunho de um artigo sobre o linguista W. D. Whitney, de 1894. No entanto, a maioria é realmente muito inacabada, o que é esperado para um manuscrito, ou seja, algo que está em forma não definitiva ou porque é um rascunho de algum artigo, ou porque é simplesmente uma nota, um comentário etc.

Esses manuscritos estão assim distribuídos no ELG:

Quadro 4 – Manuscritos anteriores a 1996 – ELG

(a) Manuscritos anteriores a 1996

1. Intitulados "Antigos Item (Edição Engler 1968; 1974)", incluídos na Parte II, ITEM E AFORISMOS, do ELG.
2. Intitulados "Aforismos (Edição Engler 1968; 1974)", incluídos na Parte II, ITEM E AFORISMOS, do ELG.
3. Intitulados "Antigos Documentos (Edição Engler 1968; 1974)", incluídos na Parte III, OUTROS ESCRITOS DE LINGUÍSTICA GERAL, do ELG.
4. Intitulados "Antigos Documentos (Edição Engler 1968; 1974)", incluídos na Parte IV, NOTAS PREPARATÓRIAS PARA OS CURSOS DE LINGUÍSTICA GERAL, do ELG.

60 A linguística geral de Ferdinand de Saussure

Os manuscritos do grupo (b) dizem respeito a um conjunto de documentos descobertos em 1996 na residência da família de Saussure em Genebra. Todos eles se encontram, atualmente, depositados na Biblioteca Pública e Universitária (BPU) de Genebra.

Conforme explica Matsuzawa (2012: 41), uma parte considerável desses manuscritos estava colocada no interior de um grande envelope no qual havia a anotação "Ciência da linguagem". Os manuscritos receberam paginação (de 1 a 274) pela Biblioteca de Genebra, segundo uma ordem estipulada por Rudolf Engler, e se encontram arquivados sob a cota "Archives de Saussure 372". Entre esses manuscritos havia uma grande quantidade de páginas, no interior de pequenos envelopes, em que se liam expressões escritas por Saussure, tais como "Da essência dupla da linguagem" ou "Da essência". Engler subdividiu-as, por sua vez, em 29 pequenos capítulos, alguns identificados por letras.

Boa parte disso está publicado no ELG, com os títulos "Sobre a essência dupla da linguagem"[7], "Item e aforismos", "Outros escritos de linguística geral"[8] e "Notas preparatórias para os cursos de linguística geral". No sumário do livro, esses manuscritos estão identificados com a expressão "Acervo BPU 1996".

Esses manuscritos estão assim distribuídos no ELG:

Quadro 5 – Manuscritos descobertos em 1996 – ELG

(b) Manuscritos descobertos em 1996

1. Intitulado "Sobre a essência dupla da linguagem", corresponde à Parte I do ELG.
2. Intitulados "Novos Item (Acervo BPU 1996)", incluídos na Parte II, ITEM E AFORISMOS, do ELG.
3. Intitulados "Novos documentos (Acervo BPU 1996)", incluídos na Parte III, OUTROS ESCRITOS DE LINGUÍSTICA GERAL, do ELG.
4. Intitulados "Novos documentos (Acervo BPU 1996)", incluídos na Parte IV, NOTAS PREPARATÓRIAS PARA OS CURSOS DE LINGUÍSTICA GERAL, do ELG.

Uma das principais características dos manuscritos – tanto os do grupo (a) como os do grupo (b) – é a grande quantidade do que Claudine Normand (2006) chamou de "os brancos dos manuscritos saussurianos", expressão utilizada para "acentuar [...] sua visibilidade, a materialidade específica de sua presença no texto" (Normand, 2006: 83). É verdade que os documentos do grupo (b), em função de sua extensão e de um maior acabamento, são menos afetados pela presença desses brancos. Mas trata-se de uma característica geral que, sem dúvida, pode ser estendida ao conjunto dos manuscritos.

Na edição do ELG, esses brancos são transcritos "por espaços vazios entre colchetes" (Bouquet; Engler, 2004: 17). Observemos um exemplo retirado do manuscrito "Notas para um artigo sobre Whitney", pertencente ao grupo (a):

> Uma língua é formada por um certo número de objetos exteriores que o espírito utiliza como signos. A medida exata em que o objeto exterior é signo (e percebido como signo) que implica [ ] faz parte da linguagem a um título qualquer. A palavra *s* [ ] é um signo, uma palavra, do mesmo modo que a palavra *salto* que [ ]. Mas a passagem entre *salto* [ ], que é igualmente um fato exterior, não pode, de modo algum, se tornar um signo. É a esse critério que eu vejo [ ] (ELG, p. 183).

Observemos, agora, um exemplo retirado do manuscrito "Sobre a essência dupla da linguagem", pertencente ao grupo (b):

> *Nota*: Eu penso que o duplo estudo, semiológico e histórico, da escrita (sendo que o último se torna equivalente à *fonética* no estudo da linguagem) constitui, graças à natureza da escrita, uma ordem de pesquisas quase tão digna de atenção quanto [ ] (ELG, p. 48).

Ora, é inegável que os brancos se impõem à leitura. Evidentemente, não se trata de conjecturar um conteúdo para preenchê-los, nem mesmo de conjecturar sobre o motivo que levou Saussure a não os completar. O mais importante é ver que esses brancos são constitutivos do texto do ELG – o que já indica tratar-se de um texto singular –, o qual não pode ser lido nem como a palavra final de Saussure, nem como algo revelador de alguma "verdade" que estaria escondida até então. Um manuscrito precisa ser lido como um manuscrito, ou seja, como algo inacabado.

Outra característica muito acentuada do material original é a proliferação de rasuras (de diferentes tipos), incisas, sublinhados, arrependimentos etc. Sobre isso, os editores, no prefácio que fazem ao ELG, explicam os princípios editoriais adotados. Segundo eles (Bouquet; Engler, 2004: 16-17), no estabelecimento do texto, os sublinhados foram "transcritos por caracteres itálicos", "as maiúsculas, como regra geral, foram conservadas", "a menção de palavras francesas ou estrangeiras é indicada, de maneira padronizada, por caracteres itálicos" e "as passagens riscadas no manuscrito não foram reproduzidas".

Aqui também não podemos deixar de apontar algumas dificuldades. Em primeiro lugar, o uso relativamente indiscriminado de itálicos (tanto para sublinhados

62 A linguística geral de Ferdinand de Saussure

como para a menção de palavras estrangeiras ou não) nem de longe dá a ver a complexidade dos manuscritos originais, além de, na edição final, planificar diferenças fundamentais, como o ofuscamento da diferença entre um sublinhado e uma menção. Em segundo lugar e talvez o mais importante, os editores eliminaram as rasuras na passagem à edição[9]. Isso tem um efeito bastante significativo no entendimento do texto, pois é disponibilizado ao leitor um texto "limpo", em transcrição estabelecida a partir de critérios que alteram significativamente o manuscrito original.

A título de exemplo, consideremos a Figura 1, abaixo.

Figura 1 – "Sobre a essência dupla da linguagem"
(Biblioteca de Genebra, Arquivo de Saussure 372: 23)

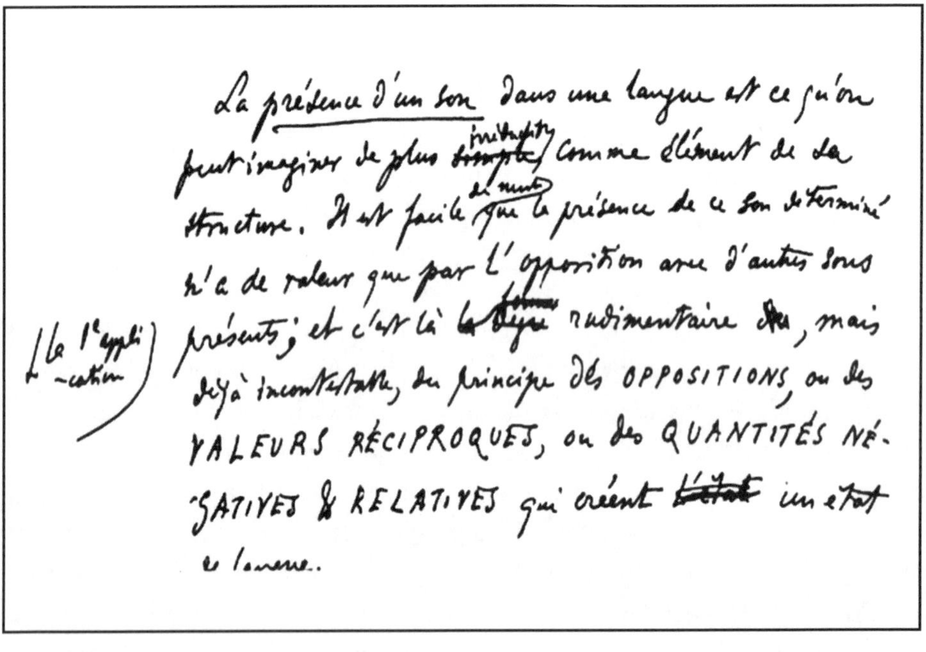

Fonte: Matsuzawa (2012: 47).

A Figura 1 é o *fac-símile* de um manuscrito de Saussure, correspondente ao item 3c do ELG – intitulado pelos editores "[Presença e correlação de sons]" –, da Parte I intitulada "Sobre a essência dupla da linguagem". Em português, corresponde à página 27 do livro ELG.

Vemos, na Figura 1, rasuras, incisas, arrependimentos, escritos paralelos ao curso do texto principal, notas de margem de página, maiúsculas etc. Ou seja, trata-se de um material bastante complexo.

Observemos agora como esse manuscrito se apresenta, (cf. Figura 2), em uma transcrição proposta por Matsuzawa (2012); a seguir, em nossa tradução (cf. Figura 3), e, finalmente na edição do ELG (cf. Figura 4).

Figura 2 – Transcrição de "Sobre a essência dupla da linguagem" (Biblioteca de Genebra, Arquivo de Saussure 372: 23).

La présence d'un son dans une langue est ce qu'on peut imaginer de plus ~~simple~~ <irréductible> comme élément de sa structure. Il est facile <de montrer> que la présence de ce son determiné n'a de valeur que par l'opposition avec d'autres sons présents ; et c'est là ~~le degré~~ <~~la forme~~> <la 1ᵉ application> rudimentaire ~~des~~, mais déjà incontestable, du principe des OPPOSITIONS, ou des VALEURS RÉCIPROQUES, ou des QUANTITÉ NÉGATIVES & RELATIVES qui créent ~~L'état~~ un état de langue (23; *ELG*, 3c, p. 25).

Fonte: Matsuzawa (2012: 47).

Figura 3 – Tradução da transcrição de "Sobre a essência dupla da linguagem" (Biblioteca de Genebra, Arquivo de Saussure 372: 23), presente em Matsuzawa (2012: 47).

A presença de um som em uma língua é o que se pode imaginar de mais ~~simples~~ <irredutível> como elemento de sua estrutura. É fácil <de mostrar> que a presença desse determinado som tem valor apenas por oposição com outros sons presentes; e este(a) é ~~o grau~~ <~~a forma~~> <a 1ª aplicação> rudimentar ~~das~~, mas já incontestável, do princípio das OPOSIÇÕES, ou dos VALORES RECÍPROCOS, ou das QUANTIDADES NEGATIVAS & RELATIVAS que criam ~~o estado~~ um estado de língua.

Fonte: elaborado pelo autor.

Figura 4 – Edição ELG de "Sobre a essência dupla da linguagem".

A *presença de um som*, numa língua, é o que se pode imaginar de mais irredutível como elemento de sua estrutura. É fácil mostrar que a presença desse som determinado só tem valor por oposição com outros sons presentes; e é essa primeira aplicação rudimentar, mas já incontestável, do princípio das OPOSIÇÕES, ou dos VALORES RECÍPROCOS, ou das QUANTIDADES NEGATIVAS e RELATIVAS que criam um estado de língua.

Fonte: Saussure (2004: 27).

Da comparação entre as figuras, é muito fácil perceber que há grandes diferenças entre o *fac-símile* e sua transcrição e a edição do ELG publicada por Bouquet e Engler. No ELG, há uma espécie de "higienização" do manuscrito, na medida em que desaparecem todas as hesitações, todos os raciocínios, todo o processo de escrita, enfim tudo o que Silveira (2007) chama de "movimentos de Saussure", e dá-se lugar a um texto cujo efeito de acabado vai de encontro à ideia de inacabamento, inerente a um manuscrito.

64 A linguística geral de Ferdinand de Saussure

Cabe ver, por exemplo, que, entre o manuscrito reproduzido na Figura 1 e transcrito na Figura 2 e a sua edição na Figura 4, apaga-se o fato de que Saussure hesita entre "simples" e "irredutível" para falar da presença do som em uma língua. Da mesma maneira, perde-se a oscilação entre "grau", "forma" e "1ª aplicação" do princípio das oposições. Finalmente, não podemos deixar de ver que se apaga a hesitação entre "o estado de língua" e "um estado de língua", o que, como veremos, não é de menor importância em se tratando da teoria saussuriana.

Uma última característica do ELG que não podemos desconhecer diz respeito à ordem dos manuscritos. Esse não é um problema a ser considerado apenas com relação ao CLG. No ELG, a questão da ordem[10] dada aos manuscritos tem grande relevância. Sobre isso daremos apenas alguns poucos exemplos.

Os manuscritos encontrados em 1996 e publicados no ELG, na França, em 2002, em edição feita por Bouquet e Engler, foram reeditados, na Suíça, em 2011 por René Amacker[11]. Não há, portanto, apenas uma edição desses manuscritos. A edição de Amacker é completamente diferente daquela feita por Bouquet e Engler no ELG[12]. Não abordaremos aqui todas essas diferenças, pois isso exigiria um minucioso trabalho comparativo. Nossa intenção é apenas destacar alguns pontos perceptíveis em relação à ordem dos manuscritos nas duas edições.

Por exemplo, a edição de Amacker inicia com uma passagem que, no ELG, está na página 95 (em francês) e 87 (em português)[13], ou seja, os documentos estão ordenados de maneira diferente, se comparamos as duas edições. Por isso, têm razão Scherer e Costa (2019: 201), quando afirmam que "a problemática da ordem se impõe a qualquer pesquisador que se depare com a grande quantidade de notas de naturezas tão diversas que se somam aos documentos já classificados e aqueles ainda por classificar e ordenar"[14].

Além dessas características do ELG, é importante que se atente para uma consequência, decorrente da natureza do ELG, que o fragiliza sobremaneira, em se tratando de trabalhos alinhados a estudos de gênese de textos: de certa forma, ao reunir tantos manuscritos em um único livro com título e autoria atribuídos, procede-se a uma espécie de planificação das diferenças que existem entre os diferentes manuscritos em função de seus temas, datas em que foram elaborados, contextos etc. Perde-se a genealogia do surgimento dos termos e conceitos de Saussure. Essa genealogia somente poderia estar à mostra em uma visada crono-lógica do material, o que é bastante difícil de ser reconstituído em alguns casos.

Enfim, essa pequena análise que fazemos cumpre o papel aqui de chamar a atenção do leitor para o fato de que não devemos ceder à ilusão de que no ELG encontraremos alguma "verdade" sobre a teoria saussuriana que, até então, teria permanecido "oculta". Assim, não é muito produtivo opor o ELG ao CLG sob a alegação de que o CLG é uma edição produzida por outros que não o próprio Saussure. De certa forma, o ELG também é uma edição cujo texto final publicado carrega as marcas dos editores e suas decisões.

Por último, cabe trazer aqui a interpretação de Matsuzawa (2012: 42) em relação às edições, em geral, feitas dos manuscritos saussurianos.

Segundo o autor, essas edições oscilam entre duas tendências opostas: "visibilidade e legibilidade, transcrição e reescrita". Essas tendências podem se revestir de diferentes formas que vão desde a edição diplomática (que reproduz um manuscrito fielmente, respeitando a topografia, em que cada unidade escrita figura no mesmo espaço da página do original) até a edição *standard* (que apenas se preocupa com a forma final e com a legibilidade do texto).

Cada edição tem seu público e seu objetivo[15]. O ELG pertence ao segundo tipo: é uma edição *standard* (com transcrição e reescrita), endereçada a um público amplo, interessado na legibilidade do texto. Evidentemente, do ponto de vista genético – da gênese textual –, essa edição coloca inúmeros problemas e dificuldades, algumas delas consideradas anteriormente. Mas, do ponto de vista que assumimos aqui – o da presença de uma obra na cultura –, é ao ELG que nos dedicaremos em sua relação com o CLG.

Notas

[1]   Isso não significa que Bally e Sechehaye não tenham assistido a aulas de Saussure. De Mauro (1976: 344) lista uma série de cursos (gótico, lituano, sânscrito etc.) ministrados por Saussure na Universidade de Genebra a partir de 1897 que contaram com a assídua assistência de ambos.

[2]   São fontes importantes para tratar desse assunto os seguintes trabalhos: Bally e Sechehaye (1975); Gadet (1987); Salum (1975); Godel (1958-1959; 1969); Depecker (2012); De Mauro (1976); Bouissac (2012); Culler (1979); Joseph (2012a) e Battisti, Othero e Flores (2021).

[3]   Tullio De Mauro (1976: 353) informa que Léopold Gauthier, aluno de Saussure, apresenta, em 1949, uma lista com os estudantes dos cursos. Foram seis alunos no primeiro curso; onze alunos no segundo curso; doze alunos no terceiro. Porém, o biógrafo de Saussure, John Joseph, afirma que, na verdade, são seis alunos no primeiro curso (Joseph, 2012a: 492 e ss), dezesseis no segundo curso (Joseph, 2012a: 533 e ss) e quatorze no terceiro (Joseph, 2012a: 567 e ss).

[4]   De acordo com Depecker (2012: 198), Saussure, em 1912, ministra outro curso, dedicado à gramática comparada.

[5]   De acordo com Bouquet (2000: 120, n. 30), o primeiro tópico começou a ser tratado na aula do dia 8 de novembro de 1909 e perdurou o semestre todo. O segundo tópico foi tratado em 25 de abril de 1911. O terceiro não chegou a ser abordado.

[6]   Para um esquema que permite a visualização do conjunto dessa distribuição, ver Flores (2021), "Apêndice – fontes do *Curso de linguística geral* em relação aos cursos ministrados por Ferdinand de Saussure". Ver também De Mauro (1976: 406, n. 12 e 13).

[7]   Rastier (2016: 13) explica que o ELG não contém todos os manuscritos encontrados. Matsuzawa (2012: 45, n. 4) informa que as páginas 202-2015, 217-237, 255-274 não são "nem transcritas, nem mencionadas no ELG".

66 A linguística geral de Ferdinand de Saussure

[8] Interessante observar que o manuscrito intitulado "Nota sobre o discurso" integra essa parte do ELG. Conforme explica Testenoire (2016), a "dita" "Nota sobre o discurso" não foi assim nomeada por Saussure, mas por Rudolf Engler e Simon Bouquet, quando da organização do ELG. Adverte Testenoire que o título não aparece entre colchetes na edição dos ELG, o que mascara o fato de o título ser atribuído pelos editores. Além disso, o autor lembra que a "Nota" está erroneamente colocada no ELG entre os "Novos documentos", com referência ao "(Acervo BPU 1996)", fato este que não se justifica, já que a "Nota" é conhecida desde 1971, quando da publicação do livro de Starobinski, *As palavras sob as palavras. Os anagramas de Ferdinand de Saussure* (cf. "Referências", deste livro). Finalmente, considera que a indicação de gênero discursivo através do emprego do determinante confere à "Nota" uma excepcionalidade e um acabamento incompatíveis com a natureza inacabada do texto. Para abordar especificamente a tradução brasileira da nota, ver: Flores (2019b).

[9] O tratamento dado por Bouquet e Engler às rasuras no ELG leva Silveira (2007: 122-123) a considerar que os editores adotam como procedimento, na verdade, a "eliminação das rasuras". Segundo a autora, "é clara a decisão dos editores pela exclusão das rasuras", o que a leva a afirmar que "em comparação com a leitura dos manuscritos, resta a sensação de que houve uma edição por parte de Bouquet e Engler e não um estabelecimento do texto", em que a autora entende *edição* no sentido de "reconstituir um texto" e *estabelecimento* no sentido de "fixar um texto que apresenta variantes". O trabalho de Silveira (2007) é pioneiro no Brasil no estudo de manuscritos saussurianos; sua consulta é imprescindível.

[10] Um dos principais trabalhos a respeito da ordem das notas de Saussure – cujo título "La question de l'ordre dans les cours et les écrits saussuriens de linguistique générale. Essai de refonte géométrique" [A questão da ordem nos cursos e nos escritos saussurianos de linguística geral. Ensaio de revisão geométrica] sintetiza o propósito – encontra-se em Bota (2002).

[11] Cf. Saussure, F. de. *Science du langage – De la double essence du langage.* Edição dos *Escritos de linguística geral* estabelecida por René Amacker. Genève: Librarie Droz, 2011.

[12] A respeito dessas diferenças, ver o excelente trabalho de Scherer e Costa (2019).

[13] Isso está notado na edição de Amacker da seguinte maneira: **1.** [5.195] (*ELG* p. 95). Em que:
1. **1** indica a ordem do manuscrito na edição de Amacker;
2. [5.195] indica a numeração no envelope do arquivo *Saussure* (no caso, 5) e a numeração dada por Rudolf Engler no manuscrito original (no caso, 195);
3. (*ELG* p. 95) indica a localização do manuscrito na edição francesa do ELG.

[14] O trabalho de Scherer e Costa (2019) é muito mais complexo do que deixa ver a pequena referência que fazemos aqui. Ele deve ser leitura obrigatória àqueles que pretendem aprofundar os temas aqui tratados.

[15] Para uma excelente análise especificamente do manuscrito "Sobre a essência dupla da linguagem", inclusive com comentários referentes às diferentes edições, ver Rastier (2016).

PARTE 2

A LINGUÍSTICA GERAL DE FERDINAND DE SAUSSURE

A linguística geral

Começamos este capítulo lendo Claudine Normand:

> Saussure não inventou a expressão "linguística geral", talvez nem mesmo a tenha escolhido; sabe-se somente que o curso de que ele foi oficialmente encarregado em Genebra assim se intitulava. Era então uma expressão corrente. Mas o que ela indicava exatamente? (Normand, 2009b: 23).

Eis o nosso propósito aqui: a partir da indagação de Normand, buscar definir o que a expressão "linguística geral" indicava no tempo de Saussure e, posteriormente, delimitar como essa expressão pode ser compreendida quando referida à obra saussuriana, ou seja, quando a utilizamos na formulação "linguística geral de Saussure".

A LINGUÍSTICA GERAL NO TEMPO DE SAUSSURE

Se nos reportamos às últimas linhas do primeiro capítulo do CLG – logo na "Introdução" do livro –, veremos que Saussure, apesar de reconhecer uma longa história dos estudos linguísticos (gramática grega, filologia e gramática comparada), não deixa de apresentar um ponto de vista crítico: "ainda hoje, os problemas fundamentais da Linguística Geral aguardam uma solução" (CLG, p. 12). O que havia – ou não havia – nesse tempo que levava Saussure a assumir tal perspectiva?

Antes de responder essa questão, é importante entender que Saussure está imerso em um contexto maior – e sua crítica acima mostra isso. Quer dizer, o advento de uma "linguística geral" não se deve isoladamente nem aos cursos ministrados entre 16 de janeiro de 1907 e 4 de julho de 1911[1] na Universidade de Genebra, nem à publicação do *Curso de linguística geral*. Dito de outro modo, Saussure faz parte de um movimento mais amplo que, inclusive, o engloba e no interior do qual se singulariza.

Do ponto de vista da história da emergência de uma "linguística geral" – embora sem se fixar excessivamente na rigidez cronológica –, Normand (2000a: 441) situa o surgimento de reflexão dessa ordem no período compreendido entre

70 A linguística geral de Ferdinand de Saussure

os anos 1880, com a publicação dos *Principien der Sprachgeschichte* [Princípios Fundamentais da História da Língua] de Hermann Paul (1846-1921), e o 1º Congresso Internacional de Linguistas, em 1928. Entre essas duas datas, tivemos, por exemplo, a publicação de *Language* [Linguagem], em 1921, por Edward Sapir (1884-1939); a publicação de *Linguistique historique et linguistique générale* [Linguística histórica e linguística geral], em 1921, por Antoine Meillet (1866-1936); a publicação de *Language* [Linguagem], em 1922, e de *Philosophy of Grammar* [Filosofia da gramática], em 1924, ambos de Otto Jespersen (1860-1943); além da fundação, em 1924, da *Linguistic Society of America* [Sociedade Linguística da América] e a criação da revista *Language* [Linguagem], em 1925, pela mesma Sociedade.

De qualquer forma, o certo é que a expressão "linguística geral"[2] não tem no final do século XIX, nem mesmo no início do século XX, sentido unívoco, que remeta a alguma unanimidade teórico-metodológica. Pelo contrário, a diversidade dos estudos que a utilizam é tamanha que certamente teríamos dificuldades em encontrar-lhes um denominador comum. O grande número de trabalhos (de síntese, de crítica, de história, de comparação) feitos nessa época – muitos reivindicando explicitamente a expressão "linguística geral" –, aliado à pouca unanimidade em torno dos objetivos visados, fazem de "linguística geral" um termo pouco claro[3]. Auroux (2000: 435), por exemplo, após examinar uma série de obras produzidas entre o final do século XIX e o início do XX em alemão, inglês e francês, conclui que a leitura desses livros conduz ao entendimento de que o conceito não estava bem estabelecido, a ponto de ser visto como objeto de um consenso. Em resumo, não fica evidente o que quer dizer "geral" em "linguística geral".

Além disso, é inegável que há reflexões "gerais", esparsas, na história do pensamento linguístico, que são anteriores a 1880 e à publicação de Hermann Paul. Por exemplo, nós as encontramos na gramática especulativa medieval, nas gramáticas latinas da Renascença, na Gramática de Port-Royal (1660) e nos diferentes trabalhos de gramática que a sucederam e a tomaram por base. Nós as encontramos também nos estudos da gramática comparada – Friedrich von Schlegel (1772-1829), August Schlegel (1767-1845), Jacob Grimm (1785-1863), Franz Bopp (1791-1867), Wilhelm von Humboldt (1767-1835), August Schleicher (1821-1868) – que, de certa maneira, apregoavam modelos de generalidade e de universalidade. Sem esquecer o linguista sanscritista Whitney. A emergência de considerações gerais sobre a linguagem ou sobre as línguas é, portanto, muito antiga[4].

Observe-se que tudo isso, mesmo que não seja suficiente para configurar com exatidão um domínio homogêneo, leva à disciplinarização institucional da linguística com o rótulo de "linguística geral". No entanto, o estatuto de "generalidade" não é idêntico em cada movimento e em cada autor. Nesse sentido, não é possível fazer a história da "linguística geral" da mesma maneira como foi feita a da gramática comparada, pois o "termo remete menos a uma totalidade empírica (totalidade de obras publicadas sob esse título no período considerado) que à formação de uma "ideia'" (Normand, 2000a: 443).

Trata-se de uma "ideia" porque, apesar das obras que reúnem os resultados de pesquisas da época, o que se tem é um projeto em desenvolvimento, e pontualmente executado. A formulação mais explícita, nessa época, do que seria uma "linguística geral" se encontra no texto de Antoine Meillet, de 1906, intitulado "L'état actuel des études de linguistique générale" [O estado atual dos estudos de linguística geral][5]. Nele, Meillet explicita o entendimento de que a linguística é uma ciência social porque as causas da mudança linguística são sociais.

A expressão "linguística geral" somente passa a ter um sentido mais definido – inclusive por oposição à "linguística histórica" – por volta dos anos 1900 (Normand, 2000a), e o texto de Meillet tem papel importante para isso, ao menos no contexto de língua francesa, que é o nosso visado aqui. Normand (2000a) assim resume a questão da formulação de uma "ciência geral" ligada à linguística:

A linguística geral, em seus temas principais, repercute e tenta, por vezes, resolver as dificuldades que a prática dos linguistas deixava em suspenso ou nem mesmo permitiu formular:
- Necessidade de esclarecer a relação da linguística com as outras ciências e com a filosofia. Para ser geral, a linguística deve tomar emprestado de outros os complementos ou mesmo o seu quadro teórico? Ele vai, e como, se destacar definitivamente da filosofia da linguagem?
- Necessidade de passar da descrição à explicação unificante, pois a observação dos fatos é muito pouco se somos incapazes de fornecer deles a explicação.
- Necessidade de rever os problemas legados pela tradição gramatical: os resultados obtidos pela descrição minuciosa dos fatos permitiriam retomar, sobre outras bases, as grandes questões das gramáticas gerais?
- Necessidade de reintroduzir a significação no estudo que, por quase um século, se quer estritamente formal: a linguística geral que entende tratar o todo da linguagem comporta os princípios de uma semântica?

72 A linguística geral de Ferdinand de Saussure

- Necessidade de refletir sobre o método: podemos continuar, quando seguimos os modelos das ciências exatas, a acreditar apenas na observação direta dos fatos e a reduzir a teoria a um conjunto de técnicas? (Normand, 2000a: 447).

A passagem anterior sintetiza, de um lado, o fato de a "linguística geral" ser um rótulo que serviu para colocar em questão a gramática comparada e, de outro, sustentar a ideia de que já era tempo de constituir uma ciência geral da linguagem. Essa ideia "pode tomar a forma de uma promessa, de um programa ou de um produto já acabado" (Normand, 2000a: 442).

De qualquer maneira, é prudente entender que estamos, aqui, no cerne da constituição da linguística como disciplina e até mesmo, segundo alguns, como ciência, o que, necessariamente, leva a examinar o tema da relação da linguística com as ciências conexas (cf. CLG, p. 13). Assim, é preciso compreender dois problemas implicados nessa relação: primeiro, o que individualiza a linguística em relação às demais disciplinas que também se ocupam da linguagem humana; segundo, como a linguística se relaciona com os resultados já alcançados por essas disciplinas (Normand, 2000b: 449-450).

No século XIX – tempo de forte presença do positivismo –, tratá-los implica estabelecer método e objeto de cada ciência e hierarquizá-la em relação às demais ciências. Nessa época, muitos são os linguistas que buscam fazer isso. São exemplos os linguistas neogramáticos Hermann Osthoff (1847-1909) e Karl Brugmann (1849-1919), e o grande sanscritista americano William Dwight Whitney (1827-1894). Neles, vê-se o deslocamento da teoria do campo da natureza (onde a língua é vista como um ser vivo, cujo maior exemplo é Schleicher e sua *Strammbaumtheorie*, modelo de árvore genealógica das línguas, uma *língua-organismo*) para o campo do social (onde a língua é vista como organização histórico-social, uma *língua-instituição social*), o que se consolida com Meillet.

Observe-se que, com tal deslocamento, deixa de ter interesse a temática da origem da linguagem, ao passo que ganha destaque a pesquisa em torno das relações entre os falantes e as estruturas sociais. Toda a reflexão geral do final do século XIX se dá em torno dessa última temática. O paradigma, portanto, passa a ser outro.

Na Europa do final do século XIX – contexto ao qual está ligada a produção saussuriana –, a "linguística geral" passa a ter então estatuto relativo às ciências humanas e sociais e não mais às ciências naturais e biológicas, como queriam alguns comparatistas, influenciados por Schleicher e pela busca das classificações genéticas das línguas. Nomes como Paul, Bréal, Jespersen, Meillet, Vendryes, Croce, entre outros, situam-se, de uma maneira ou de outra, no interior da discussão do lugar da linguística em relação às demais ciências (sociais e humanas). *Grosso modo* "a expressão *linguística geral* remete, portanto, essencialmente, a duas empreitadas distintas: de síntese ou de fundamentos. Essa dualidade está ligada à dupla acepção de *geral* na reflexão teórica: generalização a partir dos dados coletados ou generalidade de princípios de coleta dos dados" (Normand 2000c: 470).

E como Saussure se situa nesse tempo?

O mínimo que se pode dizer é que Saussure institui uma diferença em relação ao que havia, e essa diferença diz respeito ao questionamento do método – e, por conseguinte, do objeto – em linguística, o que o leva a questionar a generalidade dos princípios da linguística.

A "linguística geral" já existia antes de Saussure e continuou existindo depois de Saussure, mas o advento de Saussure instaura um marco que se revela, não à toa, em expressões como "linguística pré-saussuriana" e "linguística pós-saussuriana". É desse advento que tratamos a seguir.

A LINGUÍSTICA GERAL EM SAUSSURE

Começamos relembrando aqui a carta de Saussure, enviada a Antoine Meillet, e já por nós antes referida: "Estou muito desgostoso com tudo isso e com a dificuldade que há, em geral, em escrever sequer dez linhas tendo o senso comum em matéria de fatos de linguagem" (Saussure, 1964: 95). O desgosto de Saussure está diretamente relacionado ao método que se praticava em linguística. É por isso que, acreditamos, os *cursos* ministrados em Genebra têm o estatuto de uma epistemologia da linguística.

Como veremos, a linguística geral de Ferdinand de Saussure é diferente da que a precede, porque Saussure estabelece um ponto de vista inaugural – o semiológico, em que a língua é vista como um sistema de signos arbitrários, um sistema de valores: "esse princípio basta para delimitar a autonomia da linguística, deixando de lado a busca por causas, psicológicas ou sociais, das mudanças linguísticas" (Normand, 2000c: 466).

Nesse sentido, "geral", na "linguística geral" de Saussure, não mais diz respeito à busca de uma síntese de resultados:

não se trata de *generalização* sob a forma de leis e de tendências a partir da gramática comparada e da linguística histórica [...]. A perspectiva é invertida: a *generalidade* proposta é a dos *princípios* e é por isso que o *Curso de linguística geral* é uma epistemologia em que se encontra claramente colocada a necessidade de hipóteses (Normand, 2000c: 466, destaques da autora).

Evidentemente, poder-se-ia advertir que havia preocupação epistemológica antes de Saussure, uma vez que havia o cuidado em distinguir a linguística das ciências conexas. Mas a linguística sincrônica de Saussure é "geral" em um sentido bem específico: ela se desloca da generalização empírica dos resultados acumulados para a generalidade teórica dos princípios.

Saussure, na verdade, utiliza dois qualificativos para designar sua reflexão: *geral* e *filosófico* (Bouquet, 2004: 147). Isso fica muito claro em um relato de Riedlinger de uma conversa[6] com Saussure em que lemos:

A introdução que Saussure fez até aqui de seu curso de linguística geral não foi senão uma conversa inicial. Se o curso tivesse continuado, ele teria sido diferente. M. Saussure tratará este ano das línguas indo-europeias e dos *problemas* que elas colocam. Isso será uma preparação para um curso filosófico de linguística. M. Saussure não se recusa categoricamente a tentá-lo em dois anos; acredito que caberá aos alunos decidir (Riedlinger *apud* Godel, 1967: 30, destaques do autor).

Levando em conta o contexto do início do século XX, Bouquet (2000) considera que Saussure participa, nesse caso, do movimento da época, generalizado em "filosofias de ...". Soma-se a isso o fato de que a filosofia das ciências se cristaliza como epistemologia, de tal maneira que diferentes "filosofias de" se transformam em diferentes "epistemologias de".

A filosofia da linguística de Saussure seria considerada hoje, então, uma epistemologia da linguística. Nesse sentido (Normand, 2000b: 470-471), a linguística geral de Saussure é uma linguística da generalidade dos princípios, uma epistemologia, se se quiser.

Diferentemente de nomes como Whitney, Bréal, Paul, Meillet, Vendryes, Jespersen, em que vemos a ancoragem da reflexão linguística em quadros amplos – psicologia, sociologia etc. – que fornecem os termos pelos quais o saber linguístico se mostra, Saussure é desde sempre tomado pela reflexão filosófica dos fundamentos, através da qual ele propõe princípios que abrem para novos métodos e novos resultados. Nisso, ele se faz acompanhar de nomes como Henri Sweet (1845-1912), Mikołaj Habdank Kruzewski (1851-1887), Baudouin de Courtenay (1845-1929), Victor Henri (1850-1907) etc. "A semiologia proposta por Saussure, 'ciência geral' dos sistemas de signos da qual a linguística não é senão uma parte, será um avatar durável desses aspectos da linguística geral no pensamento moderno" (Normand, 2000b: 471).

Essa linguística persiste até os dias de hoje.

Notas

[1] Importa lembrar que Saussure é contratado pela Universidade em 8 de dezembro de 1906; os cursos que ministra têm um título misto em que "linguística geral" é apenas uma parte do conjunto trabalhado, "linguística geral e da história e comparação de línguas indo-europeias" (cf. De Mauro, 1976: 353).

[2] Seguimos de perto aqui o que é apresentado sobre o tema por Auroux (2000), Flores (2019a), Normand (1978, 2000a, 2000b, 2000c) e Médina (1978).

[3] Em 1868, Bréal abre seu curso no Collège de France tratando da ideia de uma linguística geral. Em 1906, Meillet, no Collège de France, inicia com uma aula intitulada "Sur l'état actuel des études de linguistique générale" [A propósito do estado atual dos estudos de linguística geral] (Auroux 2000: 434).

[4] Para uma história do surgimento dessas reflexões, ver Camara Jr. (2021).

[5] Usamos aqui a publicação brasileira do texto, presente em Meillet (2020: 37-52).

[6] Trata-se de conversa datada de 19 de janeiro de 1909, publicada em Godel (1969: 30).

A linguística geral de Ferdinand de Saussure

Neste capítulo, apresentamos, em itens subsequentes, os princípios do que consideramos o cerne da linguística geral de Saussure. Antes, porém, cabem três observações orientadoras da leitura que fazemos da *obra* saussuriana.

A primeira é de ordem propriamente teórica: o leitor verá que os títulos que compõem os itens deste capítulo são constituídos por formulações em estilo aforismático, ou seja, máximas ou sentenças que, em poucas palavras, explicitam alguma regra ou algum princípio. Todas são retiradas da *obra* saussuriana. Tais máximas, por um lado, estabelecem *princípios epistemológicos* – o termo é de Normand (2011) –, isto é, espécies de proposições fundamentais, elaboradas pelo próprio Saussure como base (teórica, conceitual e metodológica) de sua linguística; por outro lado, sistematizam as linhas gerais de uma epistemologia da linguística saussuriana, na medida em que explicitam princípios e procedimentos do *fazer* do linguista.

A segunda é de ordem metodológica específica: no início de cada item, estão listados os termos que, de uma maneira ou de outra, são abordados no item. Fazemos isso para localizar o leitor com relação à terminologia consagrada de Saussure.

A terceira é de ordem metodológica geral: sempre que possível, deixamos explícito para o leitor o que pertence a cada um dos livros aqui examinados (CLG e ELG[1]), pois – como esperamos já esteja bem claro – não se trata de tomá-los como uma coisa só, ignorando suas especificidades. É na articulação de ambas as fontes – e não na dissolução de uma na outra – que vemos que a complexidade da *obra* saussuriana pode ser minimamente avaliada hoje em dia.

É O PONTO DE VISTA QUE CRIA O OBJETO[2]

Ponto de vista – objeto da linguística – matéria da linguística – método da linguística

78 A linguística geral de Ferdinand de Saussure

Para falar sobre o objeto da linguística é necessário começar admitindo que nada do que havia no tempo de Saussure acerca da linguística era por ele considerado suficientemente claro e preciso. No CLG, isso é bem evidente: a linguística "jamais se preocupou em determinar a natureza do seu objeto de estudo. Ora, sem essa operação elementar, uma ciência é incapaz de estabelecer um método para si própria" (CLG, p. 10).

O objeto da linguística é, de acordo com esse entendimento, sempre difícil de definir e de dimensionar. Os manuscritos presentes no ELG ilustram fartamente essa ideia. Vejamos algumas passagens.

1. Será que a linguística encontra diante de si, como objeto primeiro e imediato, um objeto *dado*, um conjunto de coisas evidentes, como é o caso da física, da química, da botânica, da astronomia etc.? De maneira alguma e em momento algum: ela se situa no extremo oposto das ciências que podem partir do dado dos sentidos [...]. Primordialmente, existem pontos de vista; senão, é simplesmente impossível perceber um fato de linguagem (ELG, p. 23).

2. quem se coloca diante do objeto complexo que é a linguagem, para fazer seu estudo, abordará necessariamente esse objeto por tal ou tal lado, que jamais será toda a linguagem (ELG, p. 25).

3. *o objeto* da linguística não existe para começar, não é determinado em si mesmo (ELG, p. 26).

4. absolutamente nada poderia determinar onde está o objeto imediato, oferecido ao conhecimento, na língua (o que é a fatalidade desta ciência) (ELG, p. 195).

5. Nós estamos [...] profundamente convencidos de que qualquer um que ponha o pé no terreno da *língua* está, pode-se dizer, abandonado por todas as analogias do céu e da *terra* (ELG, p. 189).

Observe-se que, segundo essas passagens, a linguística *não tem um objeto dado de antemão*, o que exige *pontos de vista* (1); esse objeto é *sempre parcial* (2); *não é determinado em si* (3) e (4); e apresenta muitas dificuldades ao linguista (5).

Além disso, Saussure também considera que é difícil dimensionar o objeto da linguística. Vejamos.

6. Em linguística, pode-se perguntar se o ponto de vista do qual se vê a coisa não é a coisa toda e, por conseguinte, definitivamente, se partimos, em

um único ponto, de alguma coisa de concreto ou se jamais houve alguma coisa além de nossos pontos de vista indefinidamente multiplicáveis (ELG, p. 63)

7. *Unde exoriar?* – É essa a questão pouco pretensiosa e, até mesmo, terrivelmente positiva e modesta que se pode colocar antes de tentar abordar, por algum ponto, a substância deslizante da língua. Se o que pretendo dizer a respeito disso é verdade, não há um único ponto que seja o ponto de partida evidente (ELG, p. 241).

8. Mas tudo o que procuramos estabelecer é que é falso admitir, em linguística, um único fato como definido em si mesmo. Há, então, uma ausência necessária de qualquer ponto de partida (ELG, p. 171).

9. Não existe objeto comparável à língua, que é um ser muito complexo, e é isso que faz com que todas as comparações e todas as imagens de que nos servimos habitualmente acabem, regularmente, por nos dar uma ideia falsa (ELG, p. 133).

Dito de outro modo, o que existe em linguística não é a "coisa", mas o *ponto de vista* (6); *não há um ponto de partida* a ser privilegiado (7); não há *qualquer ponto de partida* (8); trata-se de um objeto *sem termos de comparação* (9) com objetos de outras ciências.

No CLG, por sua vez, encontram-se afirmações muito semelhantes a essas, que evidenciam as dificuldades de definição e de dimensionamento do objeto da linguística, o que coloca o CLG e o ELG em posição coincidente quanto à constatação das dificuldades que rondam a determinação do objeto em linguística:

> qualquer que seja o lado por que se aborda a questão **em nenhuma parte se nos oferece integral o objeto da Linguística**. Sempre encontramos o dilema: ou nos aplicamos a um lado apenas de cada problema e nos arriscamos a não perceber as dualidades assinaladas acima, ou, se estudarmos a linguagem sob vários aspectos ao mesmo tempo, o objeto da Linguística nos aparecerá como um aglomerado confuso de coisas heteróclitas, sem liame entre si (CLG, p. 16, grifo nosso).

Apesar dessa coincidência entre CLG e ELG, é justo, porém, que se reconheça que a questão do "ponto de vista" aparece de maneira mais sistematizada em dois capítulos fundamentais do CLG: "Matéria e tarefa da linguística; suas relações com as ciências conexas" e "Objeto da linguística". A simples observação dos títulos

80 A linguística geral de Ferdinand de Saussure

já permite ver que, entre os dois capítulos, opera-se um deslocamento importante entre a ideia de "matéria" e a de "objeto".

A matéria da linguística "é constituída inicialmente por todas as manifestações da linguagem humana" (CLG, p. 13). Quer dizer, trata-se de um conjunto de fatos, formado por tudo o que pode ser de interesse linguístico. O objeto, por sua vez, parece, em um primeiro momento, permanecer em suspenso, uma vez que à pergunta feita nenhuma resposta direta se acrescenta. Lemos no CLG: "qual é o objeto, ao mesmo tempo integral e concreto, da Linguística? A questão é particularmente difícil" (CLG, p. 15).

E a que se deve a dificuldade dessa indagação? O CLG explica:

> Outras ciências trabalham com objetos dados previamente e que se podem considerar, em seguida, de vários pontos de vista; em nosso campo, nada de semelhante ocorre. Alguém pronuncia a palavra *nu:* um observador superficial será tentado a ver nela um objeto linguístico concreto; um exame mais atento, porém, nos levará a encontrar no caso, uma após outra, três ou quatro coisas perfeitamente diferentes, conforme a maneira pela qual consideramos a palavra: como som, como expressão duma ideia, como a correspondente ao latim *nūdum* etc. **Bem longe de dizer que o objeto precede o ponto de vista, diríamos que é o ponto de vista que cria o objeto**; aliás, nada nos diz de antemão que uma dessas maneiras de considerar o fato em questão seja anterior ou superior às outras (CLG, p. 15, grifo nosso).

Vemos, com base nessa passagem, que as ideias dos manuscritos têm presença, mesmo que de outra maneira, no CLG, onde se estabelece que o objeto da linguística não está pronto em algum lugar (na realidade, na natureza etc.); ele é construído a partir de um ponto de vista[3], ou seja, de um olhar teórico-metodológico produzido pelo linguista. A seleção dos fatos linguísticos feita pelo linguista delimita o objeto e, por conseguinte, um método para abordá-lo.

Assim, vale ressaltar, em linguística, o ponto de vista não está pronto; ele é sempre uma criação e essa criação é que dá origem ao objeto a ser analisado. O exemplo dado no CLG funciona muito bem: a palavra *nu* não tem intrinsecamente um ponto de vista a partir do qual deve ser analisada. Ela pode ser estudada como som, como expressão de uma ideia etc., e cada um desses estudos é um ponto de vista construído, um objeto específico de estudo.

Essa ideia tem grande potencial, porque, em linhas gerais, ao afirmar que o objeto da linguística não está pronto em nenhum lugar, Saussure estabelece que temos sempre que o construir. Logo, toda e qualquer linguística é uma construção. Saussure criou a sua linguística, o seu ponto de vista, e, por esse mesmo gesto, estabeleceu que é possível criar outras linguísticas; basta, para isso, que se estabeleça um outro ponto de vista sobre fatos e dados linguísticos.

Tem-se aqui um princípio epistemológico que, por um lado, determina toda a base teórica da linguística saussuriana, todos os seus conceitos e o seu método; por outro lado, individualiza a linguística em relação às demais ciências; ela não é uma ciência como a biologia, a física, a química ou como qualquer outra "ciência conexa". Ela é de outra ordem.

Além disso, a máxima "o ponto de vista cria o objeto" conduz a um posicionamento ético no interior da ciência linguística. Ora, se levamos o raciocínio saussuriano às últimas consequências, veremos que, em linguística, não há um ponto de vista superior a outro. Há tantos objetos quantos forem os pontos de vista assumidos pelo linguista. Assim, a mesma atitude que permitiu a Saussure a criação da sua linguística, de seu ponto de vista, também resguardou a possibilidade de que outras linguísticas pudessem ser criadas. Nesse sentido, não há neutralidade no fazer do linguista: mesmo quando pensamos que estamos "apenas" descrevendo de maneira "neutra" um fato linguístico, estamos fazendo isso de um determinado ponto de vista.

Dito de outro modo, precisamos deixar de acreditar que o que se aprendeu a fazer é a única coisa que se deve fazer para ser linguista; precisamos deixar de acreditar que existe apenas uma maneira de fazer linguística. Saussure, assim, possibilita que falemos, hoje em dia, em linguísticas, no plural, e isso é de grande alcance.

É NECESSÁRIO COLOCAR-SE PRIMEIRAMENTE NO TERRENO DA LÍNGUA[4]

> Linguagem – Língua – Fala – Objeto da linguística – Linguística da língua – Linguística da fala

E qual objeto o ponto de vista estabelecido por Saussure permite "visualizar" para a sua linguística? Conforme Saussure, o objeto da (sua) linguística é a *língua*. Ora, essa resposta não é autoexplicativa. Ela apenas pode ser minimamente compreendida se retomamos o percurso que possibilitou sua formulação.

No CLG, a definição de *língua* como objeto da linguística é apresentada, de um lado, em função da necessidade metodológica de mostrar aos linguistas o que devem fazer; de outro lado, em função da necessidade epistemológica de refletir sobre esse objeto, no âmbito da linguística.

O ponto de partida para isso é o reconhecimento de que a "matéria da linguística" (CLG, p. 13) é, como vimos anteriormente, "constituída [...] por todas as manifestações da linguagem humana" (CLG, p. 13). Nessa direção, a *linguagem* é apresentada no CLG como "heteróclita e multiforme; a cavaleiro de diferentes domínios" (CLG, p. 17). Além disso, a *linguagem* em seus diferentes aspectos interessa a várias disciplinas – psicologia, antropologia, gramática normativa, filologia etc. Quer dizer, a *linguagem* é de tal maneira constituída que dificilmente poderíamos estudá-la em sua totalidade, dada sua amplitude e sua inomogeneidade

É essa heterogeneidade da linguagem – essa falta de unidade – que leva Saussure a elaborar um ponto de vista que, segundo ele, reuniria as condições mínimas para o estudo linguístico científico. Tal ponto de vista determina a *língua* como objeto da linguística: "entre tantas dualidades, somente a língua parece suscetível duma definição autônoma e fornece um ponto de apoio satisfatório" (CLG, p. 17). Assim, "*é necessário colocar-se primeiramente no terreno da língua e tomá-la como norma de todas as outras manifestações da linguagem*" (CLG, p. 16-17, destaque do autor). Portanto, *língua* (*langue*, em francês) é o nome dado por Saussure ao objeto da linguística.

E como Saussure define *língua*? Ele utiliza, para tanto, um raciocínio contrastivo que permite estabelecer diferenças, a partir da comparação de elementos, até certo ponto, similares. No CLG lemos: "a língua é para nós a linguagem menos a *fala*" (CLG, p. 92, destaque do autor), quer dizer, para saber o que é *língua*, temos de saber o que são *linguagem* e *fala*: suprimindo-se esta última chega-se à primeira. Além disso, ele diz: "para achar, no conjunto da linguagem, a esfera que corresponde à língua, necessário se faz colocarmo-nos diante do ato individual" (CLG, p. 19). Esse ato individual é chamado de *fala* (*parole*, em francês) no CLG. Por isso, encontramos no CLG (p. 16) a afirmação de que "a linguagem tem um lado individual e um lado social, sendo impossível conceber um sem o outro". O lado social é a *língua*; o lado individual é a *fala*.

Esse percurso é magistralmente sintetizado por Milner (2002), que citamos na íntegra:

Encontramos aqui duas das mais famosas inovações de Saussure: **a tese negativa de que a linguagem não é o objeto da linguística** (esta não é, portanto, a ciência da linguagem); **a tese positiva de que o objeto da linguística é a língua**. Segundo o modelo euclidiano, a tese negativa repousa sobre um raciocínio de homogeneidade: por um lado, a linguagem não é homogênea consigo mesma; ela é geradora de antinomias; ela, portanto, não pode constituir um domínio unitário; por outro lado, várias ciências podem reivindicar o direito de tratar deste ou daquele de seus aspectos; a linguagem não pode, portanto, constituir o objeto próprio de uma ciência bem definida. Para compreender a tese positiva, é preciso primeiro reconhecer que a língua é inicialmente um *ponto de vista*. O da constância e da repetibilidade dos fenômenos; é aqui que a língua se opõe à fala. A primeira está em cada dado linguístico singular, o que permite torná-la independente das circunstâncias de seu aparecimento; a segunda, ao contrário, é o que existe nesses dados de absolutamente irrepetível (Milner 2002: 26-27, grifos nossos, destaque do autor).

Em uma primeira síntese, então, cabe dizer que *linguagem*, *língua* e *fala* estão intimamente implicadas, e que não é possível definir uma sem necessariamente levar em conta as demais. Observemos, portanto, algumas das relações entre os termos e os sentidos que decorrem delas.

a) *Linguagem* versus *língua*

1. Ela [a **língua**] não se confunde com a **linguagem**; é somente uma parte determinada, essencial dela, indubitavelmente. É, ao mesmo tempo, um produto social da faculdade da linguagem e um conjunto de convenções necessárias, adotadas pelo corpo social para permitir o exercício dessa faculdade nos indivíduos (CLG, p. 17) [grifos nossos].

2. [A **linguagem**] não se deixa classificar em nenhuma categoria de fatos humanos, pois não se sabe como inferir sua unidade. A **língua**, ao contrário, é um todo por si e um princípio de classificação (CLG, p. 17, grifos nossos).

3. É a **língua** que faz a unidade da **linguagem** (CLG, p. 18, grifos nossos).

4. Ela [a **língua**] é um objeto bem definido no conjunto heteróclito da **linguagem**. [...] Ela é a parte social da **linguagem**, exterior ao indivíduo, que, por si só, não pode nem criá-la nem modificá-la (CLG, p. 22, grifos nossos).

84 A linguística geral de Ferdinand de Saussure

5. Enquanto a **linguagem** é heterogênea, a **língua** assim delimitada é de natureza homogênea: constitui-se num sistema de signos (CLG, p. 23, grifos nossos).

6. A **língua**, assim delimitada no conjunto dos fatos de linguagem, é classificável entre os fatos humanos, enquanto que a **linguagem** não o é. [...]. Para compreender sua [da **língua**] natureza peculiar, cumpre fazer intervir uma nova ordem de fatos. A **língua** é um sistema de signos que exprimem ideia (CLG, p. 23-24, grifos nossos).

Essas passagens permitem concluir que, no CLG, a *língua* é escolhida para ser o objeto da linguística porque é a parte da *linguagem* que atende ao critério de ser "suscetível duma definição autônoma" (CLG, p. 17), dentro do conjunto de dualidades (pensamento/som; social/individual; sistema/evolução) da *linguagem*, que a tornam heterogênea.

Então, do contraste entre *linguagem* e *língua*, destaca-se primeiramente o aspecto de homogeneidade da *língua* em contraposição à heterogeneidade da *linguagem* e, em seguida, o aspecto social.

No entanto, é bom que se compreenda que essa homogeneidade da *língua* não está ligada a uma ideia de composição uniforme, que não permite distinguir seus componentes (como diríamos, por exemplo, de uma mistura líquida homogênea), mas à ideia de *língua* como "um sistema de signos" (CLG, p. 24), sistema este que apresenta unidade entre seus componentes. Ou seja, o que garante à *língua* o lugar de objeto da linguística é sua natureza semiológica: "para nós, [...], o problema linguístico é, antes de tudo, semiológico" (CLG, p. 25). Trata-se, portanto, de homogeneidade em sua função de objeto da ciência linguística.

Quanto ao aspecto social, neste momento, basta que se entenda que Saussure compreende que essa característica é, em princípio, menos esclarecedora da especificidade da *língua*, pois esta compartilha tal característica com outras instituições: "quando se percebe que o signo deve ser estudado socialmente, retêm-se apenas os caracteres da língua que a vinculam às outras instituições" (CLG, p. 25). Ou seja, Saussure admite – a exemplo do que fazem seus contemporâneos, como Whitney – que a *língua é um fato social*, embora isso seja menos definidor da língua se comparamos com o fato de que a língua é um sistema de signos.

b) *Língua* versus *fala*

1. Com o separar a **língua** da **fala**, separa-se ao mesmo tempo: 1º, o que é social do que é individual; 2º, o que é essencial do que é acessório e mais ou menos acidental (CLG, p. 22, grifos nossos).
2. A **língua** não constitui, pois, uma função do falante: é o produto que o indivíduo registra passivamente; não supõe jamais premeditação [...]. A **fala** é, ao contrário, um ato individual de vontade e inteligência (CLG, p. 22, grifos nossos).
3. A **língua**, distinta da **fala**, é um objeto que se pode estudar separadamente (CLG, p. 23, grifos nossos).
4. Trata-se [a **língua**] de um tesouro depositado pela prática da **fala** em todos os indivíduos pertencentes à mesma comunidade (CLG, p. 21, grifos nossos).

Como se pode ver, no CLG a distinção *língua/fala* se impõe em função da delimitação do objeto da linguística: sendo a *língua* social, essencial, uma função do falante, passível de ser estudada separadamente, resta para a *fala* a marca do individual, o acessório, um ato de vontade e inteligência.

Isso posto, poderíamos afirmar que no CLG é sempre um jogo de relações contrastivas que permite a circunscrição da *língua* como objeto da linguística de Saussure. Sim, isso é verdade, desde que tais relações contrastivas não sejam tomadas como mera oposição estanque, mas como relações de diferenças entre elementos de natureza compatível, suscetíveis, portanto, de comparação.

Somente assim podemos entender, por exemplo, que, em várias passagens do CLG, encontram-se afirmações que estabelecem a interdependência entre os elementos contrastados. Uma interdependência que impede de pensar que, entre *linguagem/ língua e língua/fala*, há simples dicotomias.

Por exemplo, para *linguagem/língua*:

> Evitando estéreis definições de termos, distinguimos primeiramente, no seio do fenômeno total que representa a *linguagem*, dois fatores: a *língua* e a *fala*. A língua é para nós a linguagem menos a *fala*. É o conjunto dos hábitos linguísticos que permitem a uma pessoa compreender e fazer-se compreender (CLG, p. 92, destaques do autor).

Ou, ainda, para *língua/fala*:

86 A linguística geral de Ferdinand de Saussure

sem dúvida, esses dois objetos [a língua e a fala] estão estreitamente ligados e se implicam mutuamente; a língua é necessária para que a fala seja
inteligível e produza todos os seus efeitos; mas esta é necessária para que
a língua se estabeleça (CLG, p. 27).

Na verdade, *língua* e *fala* fazem parte de uma realidade complexa, que as
engloba, chamada *linguagem*. Como explica Amacker (1975: 49), "as dicotomias
não são a simples constatação de antinomias, pelo contrário, elas são construções
teóricas adequadas para explicar, no quadro de uma unidade conceitual mais profun-
da, as dualidades evidentes no fato linguístico quando se o aborda ingenuamente".
E acrescenta (Amacker 1975: 49-50):

> só a unidade dos pontos de vista, numa teoria geral da linguagem, nos
> dará a unidade profunda dos fatos. É por isso que as dicotomias devem
> ser entendidas como a forma teórica desses pontos de vista. [...] trata-se,
> para Saussure, de uma espécie de propedêutica apta a sublinhar ao mesmo
> tempo a variedade das abordagens na variedade dos fatos e a unidade de
> sua visão na base teórica comum que subjaz às dicotomias.

Quer dizer, o raciocínio de Saussure – mesmo se consideramos apenas o
exposto no CLG – somente pode ser compreendido no âmbito de uma teoria de
conjunto, que permita ver que as dicotomias são, na verdade, dualidades obtidas
por abstração teórica, que são pontos de vista sempre parciais de uma realidade
mais complexa que é a *linguagem*, e não fatos brutos, coisas brutas.

Além disso, a distinção entre *língua* e *fala* conduz, no CLG, à distinção entre
linguística da língua e *linguística da fala*[5], abordada em um pequeno capítulo no
livro. É a partir das noções de *linguagem*, *língua* e *fala* que a questão é introduzida:

> Com outorgar à ciência da **língua** seu verdadeiro lugar no conjunto dos
> estudos da linguagem, situamos ao mesmo tempo toda a Linguística. Todos
> os outros elementos da **linguagem**, que constituem a **fala**, vêm por si mes-
> mos subordinar-se a esta primeira ciência e é graças a essa subordinação
> que todas as partes da Linguística encontram seu lugar natural (CLG, p.
> 26, grifos nossos).

Nessa passagem, o sentido de *fala* decorre do contraste com os demais termos.
Isto é, fazem parte da fala "todos os outros elementos da linguagem" que não

estão contidos na ideia de *língua*[6]. Mais adiante, porém, as duas linguísticas são apresentadas claramente em termos de objeto, pois, segundo Saussure, "o estudo da linguagem comporta [...] duas partes: uma, essencial, tem por objeto a língua, que é social em sua essência e independe do indivíduo; [...] outra, secundária, tem por objeto a parte individual da linguagem, vale dizer, a fala, inclusive a fonação e é psicofísica" (CLG, p. 27).

A distinção entre as duas linguísticas e seus respectivos objetos acarreta, de certa maneira, uma hierarquização entre elas ("essencial" *versus* "secundária"); no entanto, entre os objetos a relação é de implicação mútua. Quer dizer, "esses dois objetos estão estreitamente ligados e se implicam mutuamente; a língua é necessária para que a fala seja inteligível e produza todos os seus efeitos; mas esta é necessária para que a língua se estabeleça (CLG, p. 27).

Não é sempre, porém, que a *fala* tem papel secundário: "historicamente, o fato da fala vem sempre antes" (CLG, p. 27) porque "é a fala que faz evoluir a língua" (CLG, p. 27). Nesse sentido, "existe, [...], interdependência da língua e da fala" (CLG, p. 27) o que "não impede que sejam duas coisas absolutamente distintas" (CLG, p. 27).

Isso significa que a hierarquia entre as duas linguísticas não ofusca a complexidade de cada um dos objetos. Por isso, "seria ilusório reunir, sob o mesmo ponto de vista, a língua e a fala" (CLG, p. 28). Enfim, "cumpre escolher entre dois caminhos impossíveis de trilhar ao mesmo tempo" (CLG, p. 28). Como se pode ver, a máxima de que *é o ponto de vista que cria o objeto* legitima a linguística de Saussure e as demais que vieram depois de Saussure.

No ELG, a questão do objeto da linguística, ou melhor, da "língua" como objeto da linguística é mais nebulosa se a comparamos com o que está colocado no CLG. Em outras palavras, a diferença de natureza textual entre o CLG e o ELG – já bastante explicada em várias partes deste livro – leva a diferenças de percepção do objeto da linguística. No CLG, vemos a busca de um modo mais definido do fazer científico, inclusive de contornos positivistas; no ELG, vemos uma ciência em formação, uma ciência *se fazendo* (*science en train de se faire*).

Com isso, queremos dizer que o modo como o objeto da linguística é problematizado no heterogêneo material que constitui o ELG não leva necessariamente a sempre denominá-lo de "língua", como acontece no CLG.

Observemos essa passagem, presente no famoso manuscrito "Sobre a essência dupla da linguagem":

88 A linguística geral de Ferdinand de Saussure

I. Um *estado de língua* oferece ao estudo do linguista um único objeto central: relação das formas e das ideias que nele se encarnam.

[...]

II. Uma sucessão *de estados a examinar* oferece à atenção do linguista um único objeto central, que está com o objeto precedente não numa relação de oposição flagrante e abrupta, mas numa relação de radical disparidade [...] (ELG, p. 79).

Muito poderia ser pensado a partir dessa citação, mas interessa aqui destacar apenas um aspecto: Saussure concebe, ao menos nessa passagem, dois objetos da linguística: o primeiro, relativo a um "estado de língua", que poderíamos chamar de "sincrônico", numa terminologia mais corrente. Esse objeto poderia ser chamado de "língua", sem dúvida (lembramos que os termos "forma" e "ideia" remetem, em alguns manuscritos, a "significante" e a "significado"). Mas o segundo objeto, que poderíamos chamar de "diacrônico", diz respeito à "sucessão de estados". Ou seja, há aqui a admissão de mais de um objeto para a linguística.

Entre os manuscritos que estão presentes no ELG, os que mais chamam a atenção quanto ao estabelecimento de um objeto para a linguística são, sem dúvida, as três conferências ministradas por Saussure na Universidade de Genebra, em novembro de 1891. Elas dão testemunho, em primeiro lugar, do que pensava Saussure nessa época, anterior que é aos cursos ministrados em Genebra, mas também, em segundo lugar, sinalizam os termos pelos quais Saussure conduz a noções que aparecerão apenas posteriormente em sua reflexão.

Na *Primeira Conferência*, Saussure aborda, inicialmente, a questão da pertinência do estudo da linguagem: "vale ou não a pena estudar, em si mesmo, o fenômeno da linguagem, seja nas manifestações diversas, seja em suas leis gerais, que poderão ser deduzidas apenas de suas formas particulares?" (ELG, p. 127-128). Já aqui vemos surgir ideias importantes: o estudo "em si mesmo" da linguagem, as "manifestações diversas", (as línguas); as "leis gerais"; as "formas particulares". Em seguida, Saussure procede à distinção entre *a linguagem como faculdade* e as *línguas como realização da linguagem*.

O estudo da *linguagem como faculdade*, ou seja, como "fato humano [,] está todo ou quase todo contido no estudo das línguas" (ELG, p. 128). Isso significa que a faculdade de linguagem não deve ser vista como "um dos signos distintivos da espécie, como característica antropológica ou, por assim dizer, zoológica" (ELG, p. 128). Esse ponto de vista é "eminentemente falso" (ELG, p. 129). Esse estudo deve estar apoiado nas línguas, pois "estudar a linguagem sem se dar ao trabalho de estudar suas diversas manifestações que, evidentemente, são as *línguas*, é uma empreitada absolutamente inútil e quimérica" (ELG, p. 128, destaque do autor). As línguas, por sua vez, contêm a linguagem; elas a realizam: "querer estudar as línguas esquecendo que elas são primordialmente regidas por certos princípios que estão resumidos na ideia de *linguagem* é um trabalho ainda mais destituído de qualquer significação séria, de qualquer base científica válida" (ELG, p. 128-129, destaque do autor). Em outras palavras, as línguas são a via de estudo da linguagem, pois "o estudo geral da linguagem se alimenta incessantemente, [...] de observações de todo tipo que terão sido feitas no campo particular de tal ou tal língua" (ELG, p. 129) e, "reciprocamente, o estudo das línguas existentes se condenaria a permanecer quase estéril [...] se não tendesse constantemente a esclarecer o problema geral da linguagem" (ELG, p. 129). Assim, "não há separação entre o estudo da linguagem e o estudo das línguas, ou o estudo de tal ou tal língua ou família de línguas" (ELG, p. 129).

Logo adiante, na mesma conferência, Saussure utiliza a expressão "a língua", ao defender que a ciência da linguagem é uma ciência histórica e não natural: "quanto mais se estuda a língua, mais se chega a compreender que *tudo* na língua *é história*" (ELG, p. 131, destaques do autor). Saussure passa, então, na mesma conferência, do uso de "linguagem" às *línguas* e dessas a "*a língua*". Em outras palavras, é o estudo das línguas que permite o estudo da linguagem; trata-se de uma abordagem em que as línguas encontram o problema geral da linguagem a partir do que se chega a "a língua", quer dizer, às "leis [e] procedimentos universais da linguagem" (ELG, p. 130).

No manuscrito "Sobre a essência dupla da linguagem", datado presumivelmente dos anos 1880, encontramos uma ideia de objeto da linguística referente a "estado de língua" e outro à "sucessão de estados"; já no manuscrito das Conferências de Genebra, datado de 1891, encontramos uma ideia de objeto como "a língua", isto é, um conjunto dos princípios oriundos da observação das línguas, o que é corroborado no manuscrito "Notas para o curso III", de 1910-1911; quando lemos "*as línguas*, é esse o objeto concreto que se oferece, na superfície do globo, ao linguista. *A língua*, é esse o título que se pode dar ao que o linguista souber tirar de suas observações sobre o conjunto das línguas, através do tempo e através do

90 A linguística geral de Ferdinand de Saussure

espaço" (ELG, p. 265, destaques do autor). Só que, nesse último caso, vemos uma distinção entre um "objeto concreto" (no caso, as línguas) e um objeto que poderíamos chamar de "abstrato" (a língua).

O fato é que a questão da língua como objeto da linguística de Saussure não é sempre tão evidente nos manuscritos como deixa entrever o CLG. Quer dizer, se no item anterior dissemos que o CLG e o ELG coincidem em considerar que não há objeto possível para linguística sem a adoção de um ponto de vista prévio, agora dizemos que a palavra "língua", termo efetivamente usado por Saussure, enquanto objeto da linguística, não significa da mesma maneira em cada um dos livros.

O que queremos colocar aqui, enfim, é que há uma diferença importante entre o CLG e o ELG quanto ao objeto da linguística. Essa diferença tem duplo aspecto: a) não resta dúvida de que no CLG o objeto da linguística é a língua entendida como um sistema de signos (CLG, p. 16-17), porém, no ELG, isso já não é tão evidente, permanecendo uma certa obscuridade do objeto (*"Unde exoriar?"*); b) no CLG o objeto da linguística é nomeado "língua"; no ELG, embora se possa perceber a preferência de Saussure pelo termo "língua", há oscilações com outros termos ("linguagem", por exemplo).

A LÍNGUA NÃO PODE SER REDUZIDA A UMA NOMENCLATURA[7]

Signo – Significado – Significante – Conceito – Imagem acústica – Arbitrariedade do signo

O aforisma acima não se encontra *ipsis litteris* nem no corpo do CLG nem no do ELG. Na verdade, essa formulação aparece no "Índice analítico" do CLG, mais precisamente no item "Língua" do "Índice". Apesar disso, ela é bastante compatível com o raciocínio de Saussure acerca da língua.

No CLG, encontramos essa discussão em dois momentos.

O primeiro momento é no interior do capítulo "Objeto da linguística", especificamente quando Saussure tenta mostrar qual o lugar da língua no interior dos fatos humanos e qual o lugar da linguística frente às demais ciências. Para ele, a língua é uma *instituição social* de tipo específico, já que se trata de um "sistema de signos" (CLG, p. 24); ela é o principal entre todos os sistemas existentes. A linguística, por sua vez, é *uma parte* da semiologia, uma ciência que estuda *a vida dos signos no seio da vida social*. Segundo Saussure, para a linguística estudar a língua, "necessário se faz estudar a língua em si" (CLG, p.

24), e não a abordar em função de outros pontos de vista. É necessário, então, desfazer-se da "concepção superficial do grande público: ele vê na língua somente uma nomenclatura, o que suprime toda pesquisa acerca de sua verdadeira natureza" (CLG, p. 25).

O segundo momento é no interior do capítulo "Natureza do signo linguístico": "Para certas pessoas, a língua, reduzida a seu princípio essencial, é uma nomenclatura, vale dizer, uma lista de termos que correspondem a outras tantas coisas. [...] Tal concepção é criticável em numerosos aspectos" (CLG, p. 79).

E por que essa visão é *criticável*? Por três motivos:

a. Porque "supõe ideias completamente feitas, preexistentes às palavras" (CLG, p. 79).
b. Porque a concepção da língua como nomenclatura "não nos diz se a palavra é de natureza vocal ou psíquica" (CLG, p. 79).
c. Porque "ela faz supor que o vínculo que une um nome a uma coisa constitui uma operação muito simples, o que está longe da verdade" (CLG, p. 79).

Ora, esses três motivos servem, na verdade, para justificar o afastamento de Saussure de uma visão filiada à tradição filosófica nominalista. Recusar que a língua seja uma nomenclatura, isto é, uma lista de palavras que se refiram a objetos em um mundo, real ou imaginário, é uma tomada de posição contrária à perspectiva designativa de língua, que a entende a partir das relações com "as coisas", com o mundo dos objetos.

Saussure, no máximo, admite que essa "visão simplista pode aproximar-nos da verdade, mostrando-nos que a unidade linguística é uma coisa dupla, constituída de dois termos" (CLG, p. 79). Quer dizer, a unidade linguística (que será chamada, em seguida, no CLG, de "signo linguístico") é constituída de dois termos: um conceito (que será, em seguida, no CLG, chamado de "significado") e uma imagem acústica (que será, em seguida, no GLG, chamada de "significante"). Conclusão: "o signo linguístico une não uma coisa e uma palavra, mas um conceito e uma imagem acústica" (CLG, p. 80).

Isso fica muito claro no CLG se comparamos duas figuras que ali se encontram.

A primeira, relativa à visão *simplista* da *língua como nomenclatura*:

Figura 1 – Língua como nomenclatura

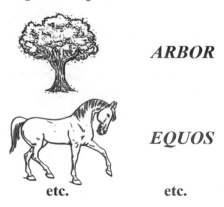

Fonte: baseado em CLG, p. 79.

Nessa figura[8], vemos uma representação que coloca o objeto "árvore" em relação à palavra "árvore"; o objeto "cavalo" em relação à palavra "cavalo". Ou seja, trata-se, na opinião de Saussure, de uma concepção de língua como nomenclatura.

Observe-se, agora, a segunda figura, relativa à visão de Saussure.

Figura 2 – Signo linguístico como unidade de duas faces

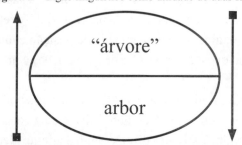

Fonte: baseado em CLG, p. 81.

Nessa figura, o que está em relação não é mais a palavra e a realidade, mas o conceito "árvore", o significado, e a imagem acústica "árvore" (*arbor*, na figura), o significante.

No ELG, Saussure recorre duas vezes ao mito de Adão como o primeiro "nomeador" do mundo – visão da qual Saussure busca reiteradamente se afastar –, para ilustrar a ideia da língua como nomenclatura. Em uma nota para o curso III (1910-1911), lemos: "o problema da linguagem só se coloca, para a maior parte dos espíritos, sob a forma de uma nomenclatura. No capítulo IV do *Gênesis*, vemos Adão atribuir nomes [ ] e se [ ] pode-se dizer que [ ]" (ELG, p. 282).

Ainda no ELG, encontra-se um trecho que, apesar de longo, precisa ser trazido: "a maior parte das concepções que têm ou, ao menos, apresentam os filósofos da linguagem faz pensar em nosso primeiro pai Adão, chamando para perto de si os diversos animais e dando a cada qual seu nome" (ELG, p. 197).

E acrescenta:

> Em primeiro lugar, [...] o âmago da linguagem não é constituído de nomes. É um acidente quando o signo linguístico corresponde a um objeto definido pelo sentido como *cavalo, fogo, sol* e não a uma ideia como εθηχε 'ele coloca'. [...] não há nenhuma razão evidente, bem ao contrário, para tomá-lo como modelo da linguagem (ELG, p. 197, destaques do autor).

Mais adiante:

> *Antes* o objeto, depois o signo; portanto (o que negaremos sempre) base exterior dada ao signo e representação da linguagem por esta relação:

$$\text{Objetos} \quad \left\{ \begin{array}{l} * \text{---} a \\ * \text{---} b \\ * \text{---} c \end{array} \right\} \quad \text{Nomes}$$

> enquanto a verdadeira representação é: $a - b - c$, fora de qualquer conhecimento de uma relação efetiva como $* - a$, baseada em um objeto. Se um objeto pudesse, onde quer que seja, ser o termo sobre o qual é fixado o signo, a linguística deixaria instantaneamente de ser o que é, do topo até a base (ELG, p. 198, destaques do autor).

Na verdade, essa recusa de Saussure permite-lhe delimitar um campo de reflexão sobre a língua que é diferente daquele ocupado pelo filósofo: "a crítica ocasional que dirigimos à maneira tradicional de considerar a linguagem quando se quer tratá-la filosoficamente" (ELG, p. 198). Pelo mesmo gesto que Saussure delimita para fora de seu horizonte as problemáticas dos filósofos (a referência, a pura existência da linguagem etc.) ele recorta o que, em sua opinião, seria o campo próprio do linguista: o estudo do mecanismo da língua.

Assim, do ponto de vista da teoria saussuriana, a recusa da língua como nomenclatura – ou, em termos mais gerais, a recusa de uma visão filosófica de língua – tem, de um lado, o papel de evitar tomar a língua em relação a uma "realidade" que

94 A linguística geral de Ferdinand de Saussure

lhe seja exterior, constituída antes da própria língua; de outro lado, tem a função de estabelecer a base para a formulação da arbitrariedade do signo linguístico; uma das noções mais fundamentais de Saussure.

O SIGNO LINGUÍSTICO É ARBITRÁRIO[9]

> Arbitrariedade[10] absoluta – Arbitrariedade relativa – Mecanismo da língua – Relações associativas – Relações sintagmáticas – Signo – Significado – Significante – Valor

A partir do que foi apresentado anteriormente, é fácil concluir que a recusa da língua como nomenclatura é condição para o estabelecimento de um princípio maior da linguística geral de Saussure: o "primeiro princípio: a arbitrariedade do signo" (CLG, p. 81).

No CLG, a arbitrariedade do signo é tratada no capítulo "Natureza do signo linguístico" e no capítulo "Mecanismo da língua"; neste último aparece uma distinção entre "arbitrário absoluto" e "arbitrário relativo".

O arbitrário é a principal característica do signo linguístico. Ele diz respeito à relação significante-significado. Entre um e outro não há qualquer motivação, isto é, não há vínculo natural ou de necessidade. Vejamos a explicação de uma especialista:

> O termo arbitrário só é importante porque define um sistema linguístico por um "é assim!" que deve calar qualquer consideração filosófica acerca da linguagem, o "porquê" de sua existência e de suas modalidades, e só dar lugar à descrição do funcionamento de tal ou qual língua (o "como isso se dá"). Esse *a priori* abrupto rompe com todas as considerações e discussões tradicionais sobre a natureza da linguagem (Normand, 2009b: 64-65).

A explicação de Normand (2009b) é excelente: o arbitrário do signo é uma maneira de recusar qualquer indagação sobre a origem da língua e, ao mesmo tempo, um deslocamento de interesse para o campo do funcionamento da língua. Deixa-se de querer saber por que a língua é dessa ou daquela maneira e passa-se a estudar como ela é. Sai-se da filosofia e chega-se à linguística.

Segundo Saussure, "o laço que une o significante ao significado é arbitrário ou então, visto que entendemos por signo o total resultante da associação de um significante com um significado, podemos dizer mais simplesmente: *o signo linguístico é arbitrário*" (CLG, p. 81, destaque do autor). Eis o exemplo: "a ideia de 'mar' não está ligada por relação alguma interior à sequência de sons *m-a-r* que lhe serve de significante" (CLG, p. 81, destaque do autor).

Dessa maneira, Saussure estabelece que é a relação significado-significante que é arbitrária. Essa ideia será reiterada ao longo de todo o CLG através de figuras. Por exemplo, as figuras a seguir:

Figura 3 – Signo constituído por conceito e imagem acústica

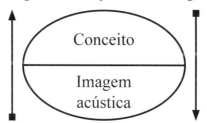

Fonte: baseado em CLG, p. 80.

Figura 4 – Signo constituído por significado e significante

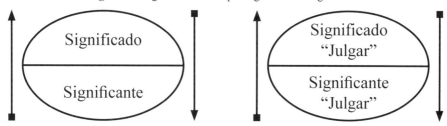

Fonte: baseado em CLG, p. 131; 136.

As duas figuras ilustram fartamente que Saussure não supõe a existência de uma "realidade", de um referente, como inerente ao signo linguístico. Vale repetir: a relação é entre o significado e o significante, e não entre o signo e a realidade.

Além disso, em decorrência do princípio da arbitrariedade, Saussure afasta-se também da ideia de convencionalidade. Sobre esse ponto, o CLG pode causar alguma confusão, já que nele aparecem algumas vezes as palavras "convenção", "convencional" e até mesmo a expressão "convenção arbitrária" (CLG, p. 88). Mas adiantamos: Saussure não é convencionalista.

A visão convencionalista do signo linguístico pode ser encontrada em Whitney que, como vimos, influenciou fortemente Saussure. O próprio Saussure no CLG lembra o sanscritista americano nesse aspecto – "o linguista norte-americano [Whitney] nos parece ter razão: a língua é uma convenção e a natureza do signo convencional é indiferente" (CLG, p. 18). No entanto, essa influência não faz de Saussure um convencionalista, e isso, ao menos, por um motivo: se Saussure admitisse a convencionalidade do signo, falsearia todo o seu raciocínio acerca do arbitrário, pois, sendo a convencionalidade a qualidade daquilo que é de uso, de praxe, relativo a padrões, uma espécie de acordo entre os falantes de uma língua, a relação entre significante e significado deixaria de ser imotivada (arbitrária) para ser motivada pela convenção. É o próprio Saussure quem explica:

> A palavra *arbitrário* requer também uma observação. Não deve dar a ideia de que o significado dependa da livre escolha do que fala (ver-se-á, mais adiante, que não está ao alcance do indivíduo trocar coisa alguma num signo, uma vez que esteja ele estabelecido num grupo linguístico); queremos dizer que o significante é *imotivado,* isto é, arbitrário em relação ao significado, com o qual não tem nenhum laço natural na realidade (CLG, p. 83, destaques do autor).

O termo "arbitrário" significa, no contexto saussuriano, "ausência de causa", quer dizer, não há causa que justifique que este ou aquele significante esteja unido a este ou aquele significado. Portanto, não há razão alguma (natural, lógica, convencional etc.) que determine a articulação entre significante e significado[11].

No CLG, são estabelecidos ainda dois *ângulos* a partir dos quais o arbitrário pode ser compreendido: "o princípio fundamental da arbitrariedade do signo não impede distinguir, em cada língua, o que é radicalmente arbitrário, vale dizer, imotivado, daquilo que só o é relativamente" (CLG, p. 152). Em outras palavras, há o "arbitrário absoluto" e o "arbitrário relativo": "apenas uma parte dos signos é absolutamente arbitrária; em outras intervém um fenômeno que permite reconhecer graus no arbitrário sem suprimi-lo: *o signo pode ser relativamente motivado*" (CLG, p. 152).

Como explicar essa aparente contradição? Ou seja, como explicar que o princípio fundamental é que o signo linguístico é radicalmente arbitrário, isto é, imotivado, e depois se afirme existir uma motivação relativa? Explicamos.

Cabe lembrar, incialmente, que a distinção arbitrário absoluto/arbitrário relativo é formulada em um capítulo do CLG dedicado ao "mecanismo da língua". Nesse momento, então, a noção de motivação não está ligada à discussão língua/realidade, mas ao "mecanismo" interno da língua, ao sistema da língua. Dessa perspectiva, o arbitrário relativo (relativamente motivado) não é da mesma ordem que o arbitrário absoluto (radicalmente arbitrário), já que a motivação, nesse caso, diz respeito à relação dos signos entre si no interior da língua, o que constitui o mecanismo da língua. O exemplo dado no CLG é muito bom. Vamos lê-lo:

> *vinte* é imotivado, mas *dezenove* não o é no mesmo grau, porque evoca os termos dos quais se compõe e outros que lhe estão associados, por exemplo, *dez, nove, vinte e nove, dezoito, setenta* etc.; tomados separadamente, *dez* e *nove* estão nas mesmas condições que *vinte,* mas *dezenove* apresenta um caso de motivação relativa. O mesmo acontece com *pereira,* que lembra a palavra simples *pera* e cujo sufixo *-eira* faz pensar em *cerejeira, macieira* etc.; nada de semelhante ocorre com *freixo, eucalipto* etc. (CLG, p. 152, destaques do autor).

Bem entendido, o que Saussure está dizendo é que "dezenove" e "pereira" são motivados pelo sistema linguístico do qual fazem parte. E como se explica esse mecanismo da língua? Ele depende das relações associativas e das relações sintagmáticas.

Nós trataremos com mais detalhe dessas relações a seguir, ao abordar a língua como um sistema de signos e o valor linguístico. Por enquanto, basta que se compreenda que as relações sintagmáticas dizem respeito à organização das unidades linguísticas (signos) de maneira linear no discurso (no eixo sintagmático); já as relações associativas dizem respeito à associação das unidades linguísticas (signos) na memória do sujeito falante, em função de algo que têm em comum. Essas relações operam juntas para explicar o fenômeno do arbitrário relativo. Mais uma vez, a explicação do CLG é muito didática:

> a noção do relativamente motivado implica: 1º, a análise do termo dado, portanto uma relação sintagmática; 2º, a evocação de um ou vários termos, portanto uma relação associativa. Isso não é senão o mecanismo em virtude do qual um termo qualquer se presta à expressão de uma ideia. Até aqui, as unidades não nos apareceram como valores, vale dizer, como os elementos de um sistema, e não as consideramos sobretudo nas suas oposições; agora reconhecemos as solidariedades que as vinculam; são de ordem associativa e de ordem sintagmática; são elas que limitam o arbitrário. *Dezenove* é associativamente solidário de *dezoito, dezessete* etc. e sintagmaticamente de seus elementos *dez* e *nove*. Essa dupla relação lhe confere uma parte de seu valor (CLG, p. 153, destaques do autor).

98 A linguística geral de Ferdinand de Saussure

Observe-se que, nessa análise, entram em jogo, além das relações associativa e sintagmática como limitadoras do arbitrário, a própria noção de *valor*, fundamental na linguística geral de Saussure. Por fim, importa ainda ver que o arbitrário relativo cumpre o papel de evitar a "complicação suprema" que seria supor um sistema constituído apenas do arbitrário absoluto. Faz-se, então, necessário introduzir "um princípio de ordem e regularidade" (CLG, p. 154), limitador do arbitrário absoluto, o arbitrário relativo.

No ELG, a questão do arbitrário do signo adquire contornos mais complexos[12]. Sobre isso, podemos destacar três pontos.

Em primeiro lugar, o termo "arbitrário" no ELG nem sempre é usado com o mesmo sentido que a palavra tem no CLG. Por vezes, vemos que há outros termos, tais como "independente" e "convencional", que aparecem no ELG com o sentido de "arbitrário".

Em segundo lugar, há usos da palavra "arbitrário" que não remetem à formulação teórica que estamos examinando e que têm, nas fontes do ELG, um sentido de uso comum, não especializado.

Em terceiro lugar, a própria terminologia em torno de "signo" não está ainda estabelecida nos documentos[13] do ELG. Não raras vezes Saussure usa expressões como "forma exterior" (ELG, p. 184), "signos vocais" (ELG, p. 184), "som" (ELG, p. 193), "figura vocal" (ELG, p. 21), "soma" (ELG, p. 220), entre outras, para nomear aquilo que, finalmente, ficará conhecido como "significante". Ele também usa expressões como "ideia" (ELG, p. 50), "contrassoma" (ELG, p. 103), "antissoma" (ELG, p. 103), "parassoma" (ELG, p. 103), entre outras, para nomear aquilo que, mais adiante, ficará conhecido como "significado". Por fim, Saussure usa expressões como "símbolo independente" (ELG, p. 179), "grupo som-ideia" (ELG, p. 174), "sema" (ELG, p. 103), entre outras, para nomear o que conhecemos sob o termo "signo"[14].

Apesar dessas dificuldades iniciais de leitura, o fato é que a ideia do arbitrário é amplamente desenvolvida no ELG e, em especial, no manuscrito "Notas para um artigo sobre Whitney", de 1894 (Depecker, 2012: 93), base maior de nossas considerações aqui. Ali, encontramos algo muito próximo do que é visto como a recusa da língua como nomenclatura no CLG:

> Por símbolo independente, nós entendemos as categorias de símbolos que têm a característica capital de não ter *nenhuma espécie de ligação* visível com o objeto a designar e, por conseguinte, de não poder fazer parte dele,

nem mesmo indiretamente, na sequência de suas vidas. Por exemplo, se eu represento um *homem* através de uma figuração até grosseira, mas se eu o represento pelo signo gráfico *x* ou pela figura vocal ἄνθρωπος (ELG, p. 179, destaques do autor).

Nessa passagem vemos exatamente a mesma concepção que norteia o que é chamado de "arbitrário absoluto" no CLG. Nega-se a relação do símbolo com a coisa. Não à toa, Saussure nomeia-o "símbolo independente", quer dizer, o que independe da coisa designada.

Mais adiante, vemos Saussure estender sua discussão para o interior do signo, em que ele discute a ausência de causalidade entre a parte material e a parte conceitual. Leia-se.

A instituição do casamento, sob a forma monogâmica, é, provavelmente, mais razoável do que sob a forma poligâmica. Filosoficamente, isso pode ser discutido. Mas a instituição de um signo qualquer, por exemplo σ ou *s*, para designar o som *s*, ou *cow* ou *vacca*, para designar a ideia de *vaca*, é baseada sobre a própria *irrazão*; quer dizer que não há aqui nenhuma razão baseada na natureza das coisas e sua conformidade que intervenha em algum momento, seja para manter, seja para suprimir uma [ ] (ELG, p. 184, destaques do autor).

Nessa passagem, Saussure ilustra seu raciocínio de maneira muito didática. Vejamos.

A discussão sobre a razoabilidade (ou não) da monogamia ou da poligamia, em uma dada sociedade, pode ser (e muitas vezes é) objeto de discussão no âmbito filosófico. Ora, desse ponto de vista, até é possível avaliar-se as implicações de adotar, em certas sociedades, um regime em que é aceito apenas um cônjuge enquanto se mantiver vigente um casamento, ou, pelo contrário, de adotar um costume em que é permitida a união conjugal de uma pessoa com várias outras. É possível, portanto, discutir a adoção, ou não, de um ou de outro regime.

No entanto, nada disso é cabível em matéria de língua. O linguista não tem motivos para discutir a relação interna do signo linguístico, o fato de haver esta ou aquela relação significado-significante. Isso é indiferente para o linguista e o leva a ver que os constituintes do signo se relacionam de maneira arbitrária, e não de maneira convencional, como no caso da monogamia/poligamia.

Finalmente, Saussure, em seus manuscritos, apresenta a distinção entre arbitrário absoluto e arbitrário relativo. Ela aparece em documentos relativos aos cursos de Genebra por volta dos anos 1910-1911, portanto em documentos datados muito posteriormente a "Notas para um artigo sobre Whitney" que, como dissemos, é de 1894.

Nesses documentos, lemos uma longa reflexão de Saussure que citamos aqui apenas parcialmente, em função de nossos objetivos:

> Redução, em todo o sistema de língua, da arbitrariedade absoluta à arbitrariedade relativa, que constitui o sistema.
>
> [...]
>
> "totalmente arbitrário" – "parcialmente arbitrário" –
>
> Há elemento relativamente arbitrários e, outros, absolutamente:
>
> *vingt*[15] [vinte] *dix-neuf* [dezenove]
> *ormeau* [olmo] *poirier* [pereira]
> *berger* [pastor] *vacher* [vaqueiro]
> *geôle* [cadeia] *prison* [prisão]
> *hache* [machado] *couperet* [navalha]
> *concierge* [zelador] *portier* [porteiro]
> *jadis* [antigamente] *autrefois, toujours* [outrora, sempre]
> *souvent* [frequentemente] *fréquemment* [frequentemente]
> *parfois* [às vezes]
>
> *aveugle, sourd* [cego, surdo],
> *chauve* [calvo] *bossu, boiteux* [corcunda, coxo]
> *commencer* [começar] *entreprendre* [empreender]
>
> [...]
>
>
>
> Associação interna – externa
> - sistema: mecanismo gramatical
> [...] (ELG, p. 282-283, destaques do autor).

A bem da verdade, o que vemos aqui é o prenúncio da ideia – bastante consolidada no CLG – de que existe certa limitação do arbitrário; e essa limitação é dada pelo sistema da língua e pelas relações associativas e sintagmáticas, cuja interseção constitui o valor. É isso que o desenho final (no interior dos balões, vemos linhas horizontais e verticais, e entre os balões, linhas que os unem), seguido da enumeração "Associação interna-externa" e "sistema: mecanismo gramatical", deixa entrever.

A língua é, portanto, para Saussure fundamentalmente arbitrária, uma vez que é formada por um sistema organizado na base de relações de valor, e isso se revela nas diferentes fontes que podem ser mobilizadas.

A LÍNGUA É UM SISTEMA DE SIGNOS[16]

> Diacronia – Língua – Mecanismo da língua – Relações sintagmáticas – Relações associativas – Signo – Sincronia – Sistema da língua

Beira o senso comum, hoje em dia, dizer que, na linguística saussuriana, a língua é vista como um sistema[17] de signos. No entanto, essa formulação de Saussure é de enorme complexidade e merece detida análise da parte daqueles que se interessam pela sua linguística.

No CLG, há grande quantidade de passagens em que a noção de sistema é atribuída à língua. Vejamos algumas ocorrências, sem visar à exaustividade: "uma língua, vale dizer: um sistema de signos distintos correspondentes a ideias distintas" (CLG, p. 18); "a língua é um sistema de signos que exprimem ideias" (CLG, p. 24); "a tarefa do linguista é definir o que faz da língua um sistema especial no conjunto dos fatos semiológicos" (CLG, p. 24); "nossa definição da língua supõe que eliminemos dela tudo o que lhe seja estranho ao organismo, ao seu sistema" (CLG, p. 29); "a língua é um sistema que conhece apenas a sua ordem própria" (CLG, p. 31)[18] ; "uma língua constitui um sistema" (CLG, p. 87); "a língua, sistema de signos arbitrários" (CLG, p. 87); "A língua é um sistema do qual todas as partes podem e devem ser consideradas em sua solidariedade sincrônica" (CLG, p. 102).

Há também ocorrências de expressões, tais como: "sistema da língua" (CLG, p. 127, 154), "sistema de signos" (CLG, p. 24, 47, 87, 138) "sistema de equivalência" (CLG, p. 95), "sistema de valores" (CLG, p. 95, 96, 104, 139), "sistema de relações" (CLG, p. 100), "sistema de elementos" (CLG, p. 138), "sistema de fonemas" (CLG, p. 138), "sistema de um estado de língua" (CLG, p. 151), "sistema de sons" (CLG, p. 268), entre muitas outras.

As informações recolhidas nos parágrafos anteriores, como se pode notar, distribuem-se quase na totalidade do CLG, o que, para nós, é indício irrefutável de que a noção de sistema é nuclear da linguística geral de Saussure.

Apesar dessa importância generalizada, há momentos no CLG em que a noção é mais longamente tematizada. Mas nenhuma maneira é mais exemplar para ilustrar seu raciocínio do que o recurso que Saussure faz às metáforas[19]. Essa ideia é longamente desenvolvida por Claudine Normand, em vários estudos seus[20]. Em "O Curso de Linguística Geral, metáforas e metalinguagem", Normand (2009a: 82) defende a "hipótese [...] de que elas [as metáforas, comparações, analogias] tiveram um papel importante na elaboração da teoria". Segundo a autora (2009a: 82, destaque da autora), "as escolhas metafóricas de Saussure nos esclarecem, ao mesmo tempo, sobre as dificuldades próprias ao objeto *língua* e sobre o que se pode chamar de um 'estilo' de trabalho reflexivo".

Também nós seguimos aqui a sugestão de Normand e faremos considerações a partir das metáforas saussurianas. No caso da língua como sistema, é Saussure mesmo quem escolhe a "grande" metáfora[21]: "a língua é um sistema que conhece somente sua ordem própria. Uma comparação com a partida de xadrez[22] fará compreendê-lo melhor" (CLG, p. 31-32). Mais adiante, no CLG, ele dirá:

> de todas as comparações que se poderiam imaginar, a mais demonstrativa é a que se estabeleceria entre o jogo da língua e uma partida de xadrez. De um lado e de outro, estamos em presença de um sistema de valores e assistimos às suas modificações. Uma partida de xadrez é como uma realização artificial daquilo que a língua nos apresenta sob forma natural (CLG, p. 104)[23].

A metáfora da partida de xadrez, é importante que se diga, não serve apenas para ilustrar a visão de língua como sistema de signos. Ela desempenha, na verdade, um amplo papel na reflexão saussuriana. Nela, estão contempladas as discussões em torno das noções de signo, valor, sincronia, diacronia, relações (associativas e sintagmáticas), elementos internos e externos da língua, unidade linguística, fala, estado de língua, semiologia, entre outras. Quer dizer, para entender a língua como um sistema, necessariamente se deve entender um conjunto de noções que aí estão implicadas.

Enumeramos, a seguir, o que a partida de xadrez possibilita a Saussure mostrar.

Primeiramente, uma posição de jogo corresponde de perto a um estado da língua. O valor respectivo das peças depende da sua posição no tabuleiro, do mesmo modo que na língua cada termo tem seu valor pela oposição aos outros termos (CLG, p. 104).

Trata-se, aqui, da importância da noção de relação em que cada elemento adquire valor em função da posição que ocupa relativamente aos demais. São relações constitutivas do sistema, que determinam um estado de língua, um ponto de vista sobre um dado momento (temporal) da língua.

Em segundo lugar, o sistema nunca é mais que momentâneo; varia de uma posição a outra. É bem verdade que os valores dependem também, e sobretudo, de uma convenção imutável: a regra do jogo, que existe antes do início da partida e persiste após cada lance. Essa regra, admitida de uma vez por todas, existe também em matéria de língua; são os princípios constantes da Semiologia (CLG, p. 104).

Reitera-se, aqui, a instantaneidade do sistema, a sua sincronia. Além disso, Saussure introduz a dialética da língua/fala, ao comparar a "regra do jogo" (leia-se: as regras da língua) e os lances da partida do jogo (leia-se: o uso pelo falante das regras da língua na fala), vinculando-a a um princípio semiológico.

Finalmente, para passar de um equilíbrio a outro, ou – segundo nossa terminologia – de uma sincronia a outra, o deslocamento de uma peça é suficiente; não ocorre mudança geral (CLG, p. 104).

Por fim, a metáfora cumpre o seu papel: mostra que o equilíbrio do sistema depende sempre do funcionamento desse sistema (o deslocamento de uma peça a outra). Segundo Normand (2009b: 50, destaques da autora), Saussure utiliza "sistema" em um sentido preciso, técnico: "explicitado como *funcionamento* ou *mecanismo*, ele remete a uma característica julgada fundamental das *unidades linguísticas*: a de que é impossível apreendê-las fora do sistema específico em que elas são tomadas, pois é nele que está seu modo de realidade". Quer dizer, as unidades linguísticas (signos, termos etc.) existem para um determinado falante na justa medida em que têm um sentido, decorrente que é das relações recíprocas. Para a autora,

104 A linguística geral de Ferdinand de Saussure

> partir do sistema é assumir [...] um imperativo de método pela exclusão de outras condutas: a do fisiologista (o foneticista que registra e compara os sons em sua materialidade), bem como a do psicólogo ou do sociólogo (que analisa a língua em suas relações com o pensamento ou a sociedade, ou seja, com as realidades que contribuem para determinar o sistema do exterior). Dizer *sistema* é definir um *interior*, uma ordem própria da língua (Normand, 2009b: 50, destaques da autora).

Enfim, a metáfora do jogo de xadrez (ou da partida) cumpre a função de ilustrar, de maneira quase didática, o mecanismo complexo que constitui a língua (*uma* língua, *qualquer* língua). Esse mecanismo é o conjunto de relações (associativas e sintagmáticas) que constituem a língua e que governam o seu funcionamento: "assim como o jogo de xadrez está todo inteiro na combinação das diferentes peças, assim também a língua tem o caráter de um sistema baseado completamente na oposição de suas unidades concretas" (CLG, p. 124). Além disso, no CLG, essa metáfora permite articular a noção de "sistema" a um conjunto de termos e noções fundamentais da linguística geral de Saussure. Ela cumpre, também, um papel epistemológico.

Até aqui nos detivemos no CLG, mas um olhar atento permite ver que no ELG a discussão sobre a língua como sistema é muito evidente também: "é apenas o sistema de signos tornado coisa da coletividade que merece o nome de sistema de signos e que *é* um sistema de signos" (ELG, p. 249, grifo do autor). Antes, porém, mais uma metáfora com a qual Saussure evidencia a impossibilidade de prever completamente o curso de uma língua: "a língua, ou o sistema semiológico, qualquer que seja, não é um barco no estaleiro, mas um barco lançado ao mar" (ELG, p. 248).

Mas, a exemplo do CLG, também no ELG a metáfora da "partida de xadrez"[24] tem protagonismo. Em "Sobre a essência dupla da linguagem", lemos:

> Assim como, no jogo de xadrez, seria absurdo perguntar o que seria uma dama, um peão, um bispo ou um cavalo, considerados fora do jogo de xadrez, assim também não tem sentido, quando se considera verdadeiramente a *língua*, buscar o que é cada elemento por si mesmo. Ele nada é além de uma peça que vale por oposição às outras (ELG, p. 63, destaque do autor).

Nessa passagem, vemos muita coisa condensada: a) a falta de uma matéria "em si" da língua; b) a ênfase no papel que os elementos podem desempenhar no interior do sistema; c) a ideia de valor, obtido por oposição entre os elementos.

Mais adiante no ELG, especificamente em "Notas para um artigo sobre Whitney", a metáfora retorna, agora com mais algumas funções. Ela ocupa longamente as páginas 177-179 do ELG. Vamos retomá-la em partes. Em primeiro lugar, a crítica de Saussure aos que o antecederam:

> a diversidade sucessiva das combinações linguísticas (ditas estados de língua) que são provocadas por acidente são iminentemente comparáveis à diversidade de situações de uma partida de xadrez [...].

> Os teóricos da linguagem antes da fundação e os praticantes da linguística depois de Bopp não deixaram de considerar a língua como UMA POSIÇÃO de xadrez (que não teria *nem antecedente nem sequência*), perguntando-se qual seria, nessa posição, o valor, o poder respectivo das peças.

> A gramática histórica, tendo descoberto que havia *LANCES* de *xadrez*, zombou de seus predecessores. Ela conhece apenas, por sua vez, a *sequência de lances* e, com isso, pretende ter uma visão perfeita da partida, as posições não a inquietam, nem são mais dignas [...] de sua atenção (ELG, p. 178, destaques do autor).

São, aos olhos de Saussure, dois erros os dos linguistas: uns apenas olham para as "posições" das peças; outros, apenas para a "sequência de lances". Para Saussure,

> não é nenhum desses dois erros, dos quais seria difícil dizer qual é o mais profundo ou o mais imenso em suas consequências, que nos reterá um único instante, mas, estando bem certo de que uma língua só é comparável à ideia *completa* da partida de xadrez, comportando, ao mesmo tempo, as *posições* e os *lances*, ao mesmo tempo as *mudanças* e os *estados* da sucessão (ELG, p. 178, destaques do autor).

Vemos aqui se desenharem os pontos de vista sincrônico e diacrônico; a oposição entre o estado da língua e as mudanças da língua. Isso confirma o que dissemos antes sobre o fato de a noção de sistema evocar outras noções, igualmente fundamentais para a teoria de Saussure.

Enfim, essa pequena incursão que fizemos pelo CLG e pelo ELG nos permite – com o auxílio da metáfora do jogo/partida de xadrez – compreender a língua como um sistema de relações em que os elementos se definem pelas relações recíprocas que mantêm entre si no interior desse sistema.

A LÍNGUA CONSISTE NÃO EM UM SISTEMA DE VALORES ABSOLUTOS E POSITIVOS, MAS EM UM SISTEMA DE VALORES RELATIVOS E NEGATIVOS[25]

Coletividade – Indivíduo – Falante – Língua – Relações associativas – Relações sintagmáticas – Signo linguístico – Significante – Significado – Sistema – Valor

É comum no âmbito da linguística identificarmos uma teoria por uma dada nomeação que, na maioria das vezes, conheceu notoriedade na história das ideias linguísticas. Assim é, por exemplo, com expressões como "Teoria da variação", de William Labov (1927-); "Teoria da enunciação", de Émile Benveniste (1902-1976); "Teoria da relevância", de Dan Sperber (1942-) e Deirdre Wilson (1941-); "Teoria gerativista", de Noam Chomsky (1928-), entre muitas outras.

Não queremos discutir aqui se o emprego da palavra "teoria"[26] é apropriado ou não, no contexto de cada uma dessas reflexões; apenas queremos assinalar o fato de que a locução "Teoria de/da X" é bastante corrente nos estudos linguísticos. Com relação a Saussure, se quiséssemos atribuir-lhe a criação de uma reflexão passível de receber uma nomeação dessa natureza, seguramente essa nomeação seria "Teoria do Valor Linguístico" ou, simplesmente, "Teoria do Valor".

O *valor* é o conceito mais importante da teoria de Saussure; tudo o que o autor diz acerca da linguagem, da língua e das línguas converge para o *valor*: ele é um ponto de chegada de tudo o que o mestre construiu; ele contém todos os demais conceitos da teoria. Quem não entende o alcance e a profundidade dessa noção na obra saussuriana não dimensionou corretamente o pensamento do genebrino; essa é a sua maior originalidade no âmbito da sua linguística geral. Ou ainda, de maneira mais categórica: a linguística geral de Ferdinand de Saussure é a "Teoria do Valor Linguístico".

Em Saussure, essa noção tem uma especificidade: está associada à ideia de sistema. No CLG, proliferam passagens em que o sistema da língua é associado à noção de valor. Vejamos algumas: "a língua constitui um sistema de valores puros" (CLG, p. 95); "a língua não pode ser senão um sistema de valores puros" (CLG, p. 130); "a língua é um sistema em que todos os termos são solidários e o valor de um resulta tão-somente da presença simultânea de outros" (CLG, p. 133); "um sistema linguístico é uma série de diferenças de sons combinadas com uma série de diferenças de ideias; mas essa confrontação de um certo número de signos acústicos com outras tantas divisões feitas na massa do pensamento engendra um sistema de valores" (CLG, p. 139).

Segundo Bouquet (2000: 255), a teoria do valor foi formulada durante as aulas de 23, 27 e 30 de junho e 4 de julho de 1911, no final do terceiro curso na Universidade de Genebra. Mas isso não significa que o assunto não tenha sido abordado antes. Segundo De Mauro (1976: 353), no "segundo curso (1908-1909), [...], Saussure enfrenta o problema da relação entre teoria dos signos e teoria da língua muito rápida e decisivamente e apresenta em seu início as definições de sistema, unidade, identidade e valor linguístico".

No CLG, a teoria do valor é apresentada na "Segunda parte", intitulada "Linguística sincrônica". Ela está especificamente formulada no quarto capítulo, "O valor linguístico", mas há elementos importantes da teoria em todos os demais capítulos da "Segunda parte".

Na verdade, podemos confirmar a ideia de que a teoria do valor é um ponto de chegada, convergente de tudo o que Saussure quer dizer a respeito de sua linguística geral, ao observarmos a coerência do que é apresentado sequencialmente no CLG. Nesse sentido, vale dar uma passada de olhos no sumário do livro, a partir de nosso ponto de vista aqui.

Na "Introdução" do livro, é apresentado o *objeto* da linguística ("Capítulo III"), obtido a partir de um *ponto de vista*, o que permite delimitar duas linguísticas, a da *língua* e a da *fala* ("Capítulo IV") e, consequentemente, o que é interno e o que externo ao objeto *língua* ("Capítulo V"). Na parte seguinte do livro – não à toa nomeada "Noções gerais" –, são apresentadas as condições mínimas para a instauração de uma linguística da língua: inicialmente ("Capítulo I"), explica-se a natureza *arbitrária* de suas unidades, o signo linguístico (significado e significante), além das propriedades a elas ligadas da mutabilidade e da imutabilidade ("Capítulo II"), o que sustenta a diferença entre uma linguística estática (sincrônica) e uma evolutiva (diacrônica) ("Capítulo III").

Chegamos, assim, na "Segunda parte" do livro, onde se encontra a Teoria do Valor Linguístico. O "Capítulo IV" – "O valor linguístico" – é antecedido por três importantes capítulos. Falemos rapidamente de cada um.

O "Capítulo I", "Generalidades", retoma a ideia de objeto da linguística já apresentada, mas agora com maior detalhamento: "o objeto da Linguística sincrônica geral é estabelecer os princípios fundamentais de todo sistema idiossincrônico, os fatores constitutivos de todo estado de língua" (CLG, p. 117). Vale destacar aqui as expressões "Linguística sincrônica geral" (que é como Saussure passa a nomear sua linguística), "sistema idiossincrônico" (que é sinônimo de "sincrônico) e "estado de língua" (a língua considerada em um *espaço de tempo* e em um determinado *espaço*).

O "Capítulo II", "Entidades concretas da língua", trata da unidade de análise dessa linguística e do método para delimitá-la. Vale destacar aqui que o livro registra, inicialmente, o termo "entidade concreta", em seguida, "entidade linguística" e "unidade". Encerra-se o capítulo afirmando que "a língua tem o caráter de um sistema baseado completamente na oposição de suas unidades concretas" (CLG, p. 124), ou seja, a definição da unidade depende do sistema e das relações de oposição e diferença no sistema.

O "Capítulo III", "Identidades, realidades, valores", amplia o que foi colocado a respeito das entidades concretas da língua ao examiná-las pelo viés da identidade ("Que é uma identidade sincrônica?" (CLG, 125)), da realidade ("Que é uma realidade sincrônica?" (CLG, p. 127)) e da noção de "valores" ("todas as noções versadas neste parágrafo não diferem essencialmente daquilo que chamamos *valores*" (CLG, p. 128)). *Grosso modo*, nesse capítulo, Saussure mostra que se delimita uma "identidade sincrônica" quando se percebe que a língua é um jogo de formas que são significantes a partir desse próprio jogo (há identidades e diferenças em dois empregos da palavra *Senhores!*). Além disso, mostra que uma realidade sincrônica "corresponde a algo que tenha seu lugar no sistema da língua e que seja condicionada por ela" (CLG, p. 127). Por fim, se *todas as noções não diferem do que podemos chamar de valores*, então uma tal equivalência é um grande ponto de chegada, o que leva Saussure a concluir que "a noção de valor recobre as de unidade, de entidade concreta e de realidade" (CLG, p. 128). Quer dizer, no CLG, a noção de valor é tão ampla que subsume as de *unidade*, *entidade* e *realidade*.

Agora, podemos abordar o "Capítulo IV", "O valor linguístico". Ele está organizado em quatro parágrafos: § 1. "A língua como pensamento organizado na matéria fônica"; § 2. "O valor linguístico considerado em seu aspecto conceitual"; § 3. "O valor linguístico considerado em seu aspecto material"; § 4. "O signo considerado na sua totalidade". Observe-se que são abordados o conjunto da língua (§ 1), o signo em suas partes (§ 2; § 3) e o signo em seu conjunto (§ 4).

No primeiro parágrafo, Saussure fala sobre a língua. Para tanto, recorre à metáfora da folha de papel – "a língua é também comparável a uma folha de papel: o pensamento é o anverso e o som é o verso; não se pode cortar um sem cortar, ao mesmo tempo, o outro" (CLG, p. 131) – e ao esquema das massas amorfas (Figura 1, a seguir).

Com a metáfora, ilustra-se a inseparabilidade das duas faces da língua (dos significantes e dos significados); com o esquema, ilustra-se a dupla constituição da língua (pelos planos A e B; por ideias e sons), sem que se possa isolar um lado do outro, sob pena de "fazer Psicologia pura ou Fonologia pura" (CLG, p. 131), o que não teria relevância para a linguística. No esquema, destacam-se, ainda, os pontilhados que representam "um *articulus*, em que uma ideia se fixa num som" (CLG, p. 131), de maneira recíproca. Observe-se o esquema na Figura 5:

Figura 5 – Esquema das massas amorfas

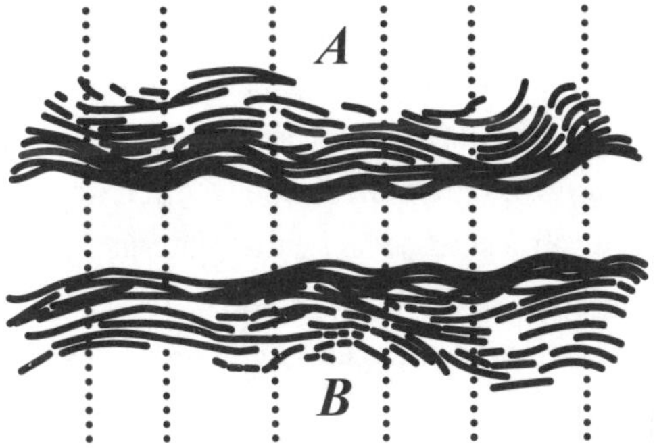

Fonte: baseada em CLG, p. 131.

No segundo parágrafo do "Capítulo IV" do CLG, é apresentada a noção de valor em relação ao significado (o *aspecto conceitual*), uma das faces do signo. Em primeiro lugar, Saussure estabelece que significação[27]/ significado não são sinônimos de valor. Este é muito mais amplo do que aqueles; no entanto, a significação/o significado dependem do valor.

Quer dizer, quando consideramos o significado e o significante juntos, um em relação ao outro, no interior do signo, não podemos esquecer que este mesmo signo é resultante da relação com os outros signos do sistema do qual ele faz parte. É o que o CLG chama de "aspecto paradoxal". E onde reside o paradoxo? Na simultaneidade da relação interna do signo com as relações do signo no sistema.

Vejamos como o CLG explica isso com um exemplo:

> em português um conceito "julgar" está unido à imagem acústica *julgar;* numa palavra, simboliza a significação; mas, bem entendido, esse conceito nada tem de inicial, não é senão um valor determinado por suas relações com outros valores semelhantes, e sem eles a significação não existiria. Quando afirmo simplesmente que uma palavra significa alguma coisa,

quando me atenho à associação da imagem acústica com o conceito, faço uma operação que pode, em certa medida, ser exata e dar uma ideia da realidade; mas em nenhum caso exprime o fato linguístico na sua essência e na sua amplitude (CLG, p. 136).

O exemplo é claro: não há ideias dadas de antemão; há apenas valores emanados dos sistemas das línguas. Esses valores "são puramente diferenciais, definidos não positivamente por seu conteúdo, mas negativamente por suas relações com os outros termos do sistema" (CLG, p. 136).

No terceiro parágrafo do capítulo em exame, é apresentada a noção de valor em relação ao significante, ao "aspecto material" do signo. Aqui, Saussure adota o mesmo procedimento utilizado em relação ao significado: "se a parte conceitual do valor é constituída unicamente por relações e diferenças com os outros termos da língua, pode-se dizer o mesmo de sua parte material" (CLG, p. 136-137). Dito de outro modo, "o que importa na palavra não é o som em si, mas as diferenças fônicas que permitem distinguir essa palavra de todas as outras, pois são elas que levam a significação (CLG, p. 137).

Saussure segue a mesma linha de raciocínio de antes: a arbitrariedade do signo linguístico impede pensar que um significante seja mais ou menos adequado ao significado do qual é significante. Assim como não há significados preexistentes às relações diferenciais do sistema, não há significantes preexistentes. Dito de outro modo, "é evidente, mesmo *a priori*, que jamais um fragmento de língua poderá basear-se [...] noutra coisa que não seja sua não-coincidência com o resto" (CLG, p. 137). O exemplo é bem claro:

em russo, não haveria margem para *t* ao lado de *t'* (*t* molhado[28]), pois o resultado **seria** confundir dois sons diferenciados pela língua (cf. *govorit'*, "falar", e *govorit,* "ele fala"), mas em troca haverá uma liberdade maior do *th* (*t* aspirado), pois esse som não está previsto no sistema de fonemas do russo (CLG, p. 138).

Por fim, no último parágrafo do capítulo, é apresentada a noção de valor em relação ao signo tomado *na sua totalidade*.

Aqui, Saussure (CLG, p. 139, destaques do autor), inicialmente, ratifica uma de suas principais teses: "*na língua só existem diferenças*", diferenças "*sem termos positivos*", ou seja, "na língua tudo é negativo", pois, como ficou explicado antes, "quer se considere o significado, quer o significante, a língua não comporta nem ideias nem sons preexistentes ao sistema linguístico, mas somente diferenças conceituais e diferenças fônicas resultantes deste sistema". No entanto, Saussure nuança essa tese acrescentando que, "na língua tudo é negativo", vale para o significante e o significado analisados separadamente; considerando-se o signo na sua totalidade, estamos frente a uma positividade, afinal o signo é constituído por uma dupla face, o significante e o significado.

E aqui, neste ponto, chegamos a uma síntese magistral de Saussure:

> um sistema linguístico é uma série de diferenças de sons combinadas com uma série de diferenças de ideias; mas essa confrontação de um certo número de signos acústicos com outras tantas divisões feitas na massa de pensamento engendra um sistema de valores; e é tal sistema que constitui o vínculo efetivo entre os elementos fônicos e psíquicos no interior de cada signo (CLG, p. 139-140).

Bem entendido, o que Saussure está dizendo é o seguinte: o significante decorre do sistema de valores; o significado decorre do sistema de valores; a relação significante-significado decorre do sistema de valores; os signos decorrem do sistema de valores; a língua é um sistema de valores. Ou seja, *a língua é uma forma e não uma substância*" (CLG, p. 14, destaques do autor). Em outras palavras: "O valor vale pelas suas partes, as partes valem também em virtude de seu lugar no todo" (CLG, p. 148-149).

Como podemos ver, a palavra-chave aqui é "valor". O *valor* é o que determina o sentido que toma qualquer elemento da língua no sistema do qual ele faz parte.

O valor precisa ser tomado no plano das relações associativas, no plano das relações sintagmáticas (cf. "Capítulo V" do CLG, "Relações sintagmáticas e relações associativas") e no plano da articulação entre elas, tanto no que se refere ao signo na sua totalidade quanto às suas partes (significante e significado).

As *relações associativas* unem termos *in absentia*; as *relações sintagmáticas* dizem respeito ao "caráter linear da língua, que exclui a possibilidade de pronunciar dois elementos ao mesmo tempo. Estes se alinham um após o outro na cadeia da fala" (CLG, p. 142). As relações sintagmáticas dão-se *in praesentia*; encontram-se em dois ou mais termos igualmente presentes numa série efetiva.

A ilustração disso é feita por mais uma das célebres metáforas de Saussure, a da coluna arquitetônica. "a coluna se acha, de um lado, numa certa relação com a arquitrave que a sustém; essa disposição de duas unidades igualmente presentes no espaço faz pensar numa relação sintagmática" (CLG, p. 143). E segue: "[...] de outro lado, se a coluna é de ordem dórica, ela evoca a comparação mental com outras ordens (jônica, coríntia etc.), que são elementos não presentes no espaço: a relação é associativa" (CLG, p. 143).

As diferenças – sejam elas de natureza fônica ou conceitual – constituem a língua e resultam do sistema de relações – ora associativas, ora sintagmáticas –, o que preside o funcionamento linguístico. O mecanismo da língua (cf. "Capítulo VI" do CLG, "Mecanismo da língua") diz respeito à simultaneidade do funcionamento das duas formas de relação. De um lado, o agrupamento associativo em que se verifica um elemento comum àquele que aparece em um dado sintagma; de outro, as solidariedades sintagmáticas em que se define o elemento em função das relações com os que o rodeiam. O exemplo aqui é simples (CLG, p. 150): em *desfazer,* há a coordenação sintagmática de *des-* com *fazer* e, ao mesmo tempo, as séries associativas que evocam elementos comuns a esses elementos que estão no sintagma (*descolar, deslocar, descoser/fazer, refazer contrafazer*). "Assim, *desfazer* não seria analisável se outras formas contendo *des* ou *fazer* desaparecessem da língua; não seria mais que uma unidade simples e suas partes não poderiam mais opor-se uma à outra" (CLG, p. 150).

Vemos, enfim, que o conceito de *valor* constitui uma espécie de síntese para todas as questões levantadas ao longo das reflexões registradas no CLG. Isso porque essa noção congrega faces diferentes em um todo, como o sintagmático e o associativo, o significante e o significado, cuja distintividade e identidade se estabelecem através da oposição.

Até aqui ficamos limitados ao que diz o CLG acerca da "Teoria do Valor Linguístico". No entanto, é justo que se diga que o ELG acrescenta uma série de informações ao que trouxemos até o momento. No CLG, fica evidente que o valor é o que determina todas as relações do sistema da língua e o que, ao mesmo tempo, advém dessas relações. Por isso é que podemos dizer que, em um sentido muito amplo, tudo o que pertence à língua tem valor, e somente tem valor porque pertence à língua. Ora, é exatamente isso o que lemos no ELG: "*o sentido de cada forma, em particular,* é a mesma coisa que a *diferença das formas entre si.* Sentido = valor diferente" (ELG, p. 30). Mas há mais[29].

Vamos chamar a atenção aqui apenas para um ponto que se encontra no ELG e ao qual não fizemos referência anteriormente, ao abordar o CLG[30]: o caráter social do valor.

Diz Saussure em um dos documentos descobertos em 1996: "a língua [...] é, antes de tudo, um *sistema de valores*" (ELG, p. 250, destaques do autor). Até aqui, vemos grande ressonância com o que dissemos, pois é exatamente isso que está posto no CLG pelos editores do livro. No entanto, Saussure acrescenta: "toda espécie de valor, mesmo usando elementos muito diferentes, só se baseia no meio social e na força social" (ELG, p. 250). Pensemos sobre isso.

Saussure aqui acrescenta o fato de que "é a coletividade que cria o valor" (ELG, p. 250) à ideia – já posta no CLG – de que o valor decorre das relações constitutivas do sistema. Isso indica que o falante – ponto fundamental de ancoragem para a observação da língua na visão saussuriana – não é um indivíduo isolado, mas um indivíduo social: "o que significa que não existe *antes* e *fora* dela, nem em seus elementos decompostos e nem nos indivíduos. 1º nem nos indivíduos isolados: nenhum valor pode ser estabelecido isoladamente e, depois, as variações não serão mais individuais" (ELG, p. 250, destaques do autor). Portanto, a base do valor do sistema da língua é social.

Esse ponto é muito importante e fazemos questão de destacá-lo porque, não raras vezes, a ideia de que a língua é constituída por um sistema de valores é questionada por perguntas do tipo: "de onde vem o valor?"; "a língua é um ente autônomo a ponto de autocriar valores?"; "a língua é um ente abstrato que cria seus próprios valores?". Saussure responde a isso muito claramente em suas notas manuscritas: o valor não aparece na língua por conta da sorte, nem é obra do acaso, muito menos obra de um indivíduo mítico e criativo, senhor da língua. É o social que o origina e é no social que ele tem vida.

A nota abaixo atesta isso de maneira incontestável. Apesar de longa, vamos citá-la na íntegra, pois ela é necessária:

> É apenas o sistema de signos tornado coisa da coletividade que merece o nome de sistema de signos e que *é* um sistema de signos: porque, a partir desse momento, o conjunto de suas condições de vida é tão distinto de tudo o que ele pode constituir fora disso, que o resto não parece impor-tante. E a isso se acrescenta imediatamente: se o meio da coletividade modifica tudo para o sistema de signo, ele é também, desde a origem, o verdadeiro ambiente de desenvolvimento a que tende, desde seu nasci-mento, um sistema de signos: um sistema de signos feito para a coleti-vidade, como o barco para o mar. Ele é feito para se ouvir entre vários ou muitos e não para se ouvir sozinho. É porque, em nenhum momento,

contrariamente à aparência, o fenômeno semiológico, qualquer que ele seja, deixa de fora de si mesmo o elemento da coletividade social: **a coletividade social, com suas leis, é um de seus elementos *internos* e não *externos*, esse é o nosso ponto de vista** (ELG, p. 249, grifos nossos, destaques do autor).

É possível clareza maior?

Ora, o sistema de valores precisa ser reconhecido pela coletividade, e o que ela reconhece é exatamente o que ela atribui ao sistema. A coletividade é o conjunto dos indivíduos.

Disso decorre uma conclusão importante que não faremos mais do que enunciá-la aqui, devendo ainda ser melhor desenvolvida: há, de um lado, o valor do sistema da língua (que advém das relações dos elementos entre si, internamente), mas há também o valor ligado à coletividade que é, por sua vez, formada pelos indivíduos, os falantes. Afinal de contas, Saussure diz desde sempre: a língua é social; nem individual, nem natural, mas social.

A LÍNGUA SÓ É CRIADA EM VISTA DO DISCURSO[31]

Discurso – Fala – Língua – Relações sintagmáticas – Relações associativas – Sujeito falante

Esse princípio se encontra na "Nota sobre o discurso"[32], integrante do ELG. Conforme explica Testenoire (2016), a "Nota" é conhecida do público desde a publicação de *As palavras sob as palavras: os anagramas de Ferdinand de Saussure*, de Jean Starobinski, publicado na França em 1971[33]. Ela integra um conjunto de manuscritos relativos às pesquisas métrico-fônicas sobre os vedas, de um período entre 1906 e 1909, contemporâneo ao *Segundo curso de linguística geral,* ministrado em Genebra. Testenoire observa, ainda, que o título dado ao manuscrito no ELG foi escolha feita pelos editores. Nesse sentido, aponta que é um equívoco não ter sido colocado o título entre colchetes, que é o sistema utilizado para identificar todos os títulos atribuídos pelos editores. Além disso, Testenoire aponta que a "Nota" está inadequadamente colocada entre os "Novos documentos", uma vez que ela faz parte dos "Antigos documentos".

Mas por que uma observação, digamos, tão localizada em um documento que não excede uma página seria tão importante para a linguística geral de Saussure? Porque a ideia de "discurso" não é estranha ao CLG; ela é apenas mais evidente na "Nota". Nesse sentido, é um princípio que pode ser estendido à obra de Saussure aqui investigada.

Antes, porém, de passarmos ao exame dessa ideia, no conjunto dos textos que constituem o que estamos chamando de *a obra* de Saussure, é importante fazer uma observação de cunho filológico. Para tanto, seguimos ancorados em Testenoire (2016), para quem "o que aporta interesse a essa nota, [...], e o que explica seu sucesso não é uma conceituação de discurso, que permanece em estado de interrogação, mas a formulação problematizada e dinâmica da articulação entre língua e fala (Testenoire, 2016: 120). Quer dizer, para ele, a "Nota" não apresenta um ponto de vista sobre o "discurso" "desconectado do de fala" (Testenoire, 2016: 120). Isso significa que, em sua opinião, a visão de "discurso" apresentada na "Nota" – por esta ser contemporânea ao *Segundo curso de linguística geral* ministrado por Saussure – não se afasta do sentido de "fala". Aliás, "fala" é o termo preferido por Saussure em seu *Terceiro curso de linguística geral*[34].

Bem entendido o que diz Testenoire, não se deve desconectar a noção de "discurso" da de "fala". Estamos atentos a isso!

No CLG, o termo "discurso", embora não seja recorrente, é utilizado. Ele aparece, por exemplo, quando Saussure estabelece a distinção entre as duas *esferas* de relações, cada uma *geradora de certa ordem de valores*: as relações sintagmáticas e as relações associativas. Isto é, "de um lado, **no discurso**, os termos estabelecem entre si, em virtude de seu encadeamento, relações baseadas no caráter linear da língua" (CLG, p. 142, grifo nosso), são as *relações sintagmáticas*; "por outro lado, **fora do discurso**, as palavras que oferecem algo de comum se associam na memória e assim se formam grupos dentro dos quais imperam relações muito diversas" (CLG, p. 143, grifo nosso), são as *relações associativas*. As primeiras existem *in praesentia*, com dois ou mais termos sucessivamente presentes; as segundas existem *in absentia,* "numa série mnemônica virtual" (CLG, p. 143), quer dizer, relativa à memória do falante.

As *relações sintagmáticas* estabelecem combinações de unidades, os *sintagmas*, que não têm dimensão fixa e podem ser desde uma palavra composta ou derivada (*reler, faremos*) até membros de frases (*contra todos*) e frases inteiras (*se fizer bom tempo, sairemos*). As *relações associativas* estabelecem *grupos formados por associação mental*, que podem ser de diferentes ordens, quer dizer, podem existir séries associativas de acordo com a diversidade de relações possíveis. Assim, em *ensino, ensinar, ensinemos* haveria associação em função do radical (*ensin-*), o elemento comum à série; em *ensinamento* poderia haver

116 A linguística geral de Ferdinand de Saussure

associação em uma série baseada em outro elemento comum, o sufixo (-*mento*) por exemplo, *ensinamento, armamento, desfiguramento*; entre *ensino, instrução, aprendizagem e educação* haveria associação fundada na analogia dos significados; por fim, em *ensinamento, lento, elemento* poderia haver associação apenas em função dos significantes.

Observe-se que a diferença entre *relações sintagmáticas* e *relações associativas* é que a primeira se dá "no discurso"; a segunda, "fora do discurso", conforme destacamos anteriormente. Voltaremos adiante a essas duas ocorrências de "discurso"; antes, porém, é necessário lembrar a terceira ocorrência de "discurso" no CLG.

O termo volta a aparecer quase no fim do CLG, em um contexto[35] em que é retomado um exemplo fornecido no início do texto. Vejamos.

Na página 212, o tema é "unidades, identidades e realidades diacrônicas". Lá lemos:

> Eis porque pudemos dizer, na p. 125, que é tão interessante saber como *Senhores!* repetido diversas vezes em seguida **num discurso** é idêntico a si mesmo, quanto saber por que, em francês, *pas* (negação) é idêntico a *pas* (substantivo) (CLG, p. 212, grifo nosso, destaques do autor).

Na página 125, lemos:

> Quando, numa conferência, ouvimos repetir diversas vezes a palavra *Senhores!*, temos o sentimento de que se trata, toda vez, da mesma expressão, e, no entanto, as variações do volume de sopro e da entonação a apresentam, nas diversas passagens, com diferenças fônicas assaz apreciáveis – tão apreciáveis quanto as que servem, aliás, para distinguir palavras diferentes (cf. fr. *pomme*, "maçã", e *paume*, "palma", *goutte*, "gota", *e je goute*, "eu gosto", *fuir*, "fugir", e *fouir*, "cavar" etc.); ademais, esse sentimento de identidade persiste, se bem que do ponto de vista semântico não haja tampouco identidade absoluta entre um *Senhores!* e outro, da mesma maneira por que uma palavra pode exprimir ideias bastante diferentes sem que sua identidade fique seriamente comprometida (cf. "*adotar* uma moda" e "*adotar* uma criança", "a *flor* da macieira" e "a *flor* da nobreza" etc.) (CLG, p. 125-126, destaques do autor).

O que as três ocorrências de "discurso" que destacamos no CLG têm em comum? Parece-nos que, em todas, podemos ver uma ideia de "produto da atividade de um falante". O discurso é o que decorre do fato de alguém falar. É por isso que Saussure pode usar a metáfora espacial (dentro/fora do discurso) para caracterizar as relações sintagmáticas e associativas, e é por isso que ele pode retomar "conferência" (na página 125) por "discurso" (na página 212).

Essa noção, segundo pensamos, é diferente do que estabelece a "Nota sobre o discurso". Vamos retomá-la na íntegra[36] para, então, analisá-la.

> A língua só é criada em vista do discurso, mas o que separa o discurso da língua, ou o que, em um dado momento, permite dizer que a língua *entra em ação como discurso*?
>
> Os vários conceitos estão ali, prontos na língua, (ou seja, revestidos de uma forma linguística), como *boi, lago, céu, forte, vermelho, triste, fender, ver*. Em qual momento, ou em virtude de que operação, de qual *jogo* que se estabelece entre eles, de quais condições, esses conceitos formarão o DISCURSO?
>
> A sequência dessas palavras, por mais rica que seja pelas ideias que ela evoca, não indicará jamais a um indivíduo humano que um outro indivíduo, ao pronunciá-las, queira significar algo. O que é preciso para que tenhamos a ideia de que se quer significar alguma coisa usando para isso termos que estão à disposição na língua? É a mesma questão que a de saber o que é o *discurso*, e à primeira vista a resposta é simples: o discurso consiste, seja rudimentarmente, e por vias que ignoramos, em afirmar uma ligação entre dois dos conceitos que se apresentam revestidos de forma linguística, enquanto a língua apenas realiza previamente conceitos isolados, que esperam ser colocados em relação entre si para que haja significação de pensamento (Saussure, 2002: 277).

A "Nota" é claramente dividida em três partes representadas por três parágrafos.

Na primeira, há a afirmação de que "a língua só é criada em vista do discurso", articulada por "mas" a duas indagações: "o que separa o discurso da língua" e o que "permite dizer que a língua *entra em ação como discurso*"? Ou seja, a afirmação aparece como um princípio – a língua é criada devido ao discurso –, um ponto de partida que articula língua e discurso, mas isso não é tudo. Há questionamentos ainda a serem resolvidos.

Em Flores (2021), defendemos que as três ocorrências de "língua" nesse parágrafo, embora relacionadas, não são sinônimas. Há traços que as unem e traços que as distinguem: isto é, as três ocorrências de "língua" têm o sentido geral de "tesouro mental" – o que as une –, mas a segunda ocorrência faz uma indagação metodológica – "o que separa o discurso da língua" – e a terceira ocorrência faz uma indagação relativa à realização da língua no discurso.

Em resumo: na primeira parte da "Nota", afirma-se que a *língua é criada devido ao discurso*"; distinguem-se dois objetos (*língua* e *discurso*) e articula-se língua e discurso, uma "formulação problematizada e dinâmica da articulação língua e fala", como quer Testenoire (2016: 120).

Na segunda parte da "Nota", encontramos, de um lado, uma demonstração do que é posto anteriormente: "os vários conceitos" (*boi, lago, céu, forte, vermelho, triste, fender, ver*) que estão "prontos na língua" ("tesouro mental" criado "em vista do discurso"). De outro lado, uma indagação metodológica: "Em qual momento, ou em virtude de que operação, de qual *jogo* que se estabelece entre eles, de quais condições, esses conceitos formarão o DISCURSO?"

Na terceira parte, Saussure ensaia respostas: a) explicando: "A sequência dessas palavras, por mais rica que seja pelas ideias que ela evoca, não indicará jamais a um indivíduo humano que um outro indivíduo, ao pronunciá-las, queira significar algo"; b) indagando: "O que é preciso para que tenhamos a ideia de que se quer significar alguma coisa usando para isso termos que estão à disposição na língua?"; c) definindo: "o discurso consiste, seja rudimentarmente, e por vias que ignoramos, em afirmar uma ligação entre dois dos conceitos que se apresentam revestidos de forma linguística"; d) distinguindo: "enquanto a língua apenas realiza previamente conceitos isolados".

Enfim, o discurso consiste em afirmar uma ligação entre conceitos. Assim, se é verdade que "a língua só é criada em vista do discurso", não é menos verdade que "a língua entra em ação como discurso" ao se "afirmar uma ligação entre dois dos conceitos", uma vez que são "colocados em relação entre si para que haja significação de pensamento".

Vemos, a partir dessa análise da "Nota", que Saussure, embora sem nomear textualmente, dá relevo ao sujeito falante, uma vez que considerar que "a língua só é criada em vista do discurso" leva a recusar uma estanque separação língua/fala e a recusar que a língua pode ser tomada fora da atividade do sujeito falante. Isso pode ser corroborado em outras partes do ELG, em que se vê a abertura para uma teoria do discurso: "todas as modificações, sejam fonéticas, sejam gramaticais (analógicas) se fazem exclusivamente no discursivo" (ELG, p. 86). Quer dizer, a ideia de que *a língua é o sujeito falante* – "a primeira expressão da realidade seria dizer que a língua (ou seja, o sujeito falante) [...]" (ELG, p. 39) – leva Saussure a pensar em língua como atividade – como discurso.

A visão saussuriana de discurso destaca que o ato de fala é uma atividade que coloca em ação a língua, um sistema potencial cujo funcionamento se revela a cada vez que é falado. A língua se mostra no uso dos falantes de todos os mecanismos que a constituem. O modo de existência da língua, então, é o discurso, é o falante. O sistema que existe na atividade de cada um coloca em prática uma rede de noções constituídas por valores, que são construídos em relações de oposição e diferença, nos eixos sintagmáticos e associativos, em uma dada sincronia: *discurso* é a palavra que condensa tudo isso.

A LÍNGUA SE DIFERENCIA NO TEMPO E, AO MESMO TEMPO, ELA SE DIFERENCIA OU DIVERSIFICA NO ESPAÇO[37]

> Continuidade – Diversificação (Mudança) – Espaço – Estado de língua – História da língua – Imutabilidade – Língua – Linguagem – Línguas – Mutabilidade – Transformação – Objeto da linguística – Tempo

A frase que serve de título a este item aparece na "Primeira conferência na Universidade de Genebra", de novembro de 1981, documento que integra o ELG. Na verdade, essa conferência compõe com outras duas – "Segunda conferência" e "Terceira conferência" – um rico material de acesso às ideias de Saussure. São textos relativamente bem-acabados, com começo, meio e fim, o que se configura quase uma exceção em casos de manuscritos.

Há muitos temas tratados pelas três conferências: a relação entre a linguagem e as línguas, as leis gerais da linguagem, a noção de "a língua", o objeto da linguística, entre outros. Mas o assunto que nos mobilizará neste item diz respeito à mutabilidade e à imutabilidade das línguas. Vamos seguir as conferências de perto, em especial sob esse enfoque.

Na primeira conferência, Saussure indaga sobre a pertinência do estudo da linguagem, o que o conduz a pensar no próprio objeto da linguística: "vale ou não a pena estudar, em si mesmo, o fenômeno da linguagem, seja nas manifestações diversas, seja em suas leis gerais, que poderão ser deduzidas apenas de suas formas particulares?" (ELG, p. 127-128). Três são as ideias fundamentais já aí postas: a linguagem comporta *manifestações diversas*; tem *leis gerais*, tem *formas particulares*.

De um lado, o estudo da *linguagem como faculdade*, como "fato humano está todo ou quase todo contido no estudo das línguas" (ELG, p. 128), quer dizer, é um trabalho de investigação apoiado nas línguas. Ora, "querer estudar a linguagem sem se dar ao trabalho de estudar suas diversas manifestações que, evidentemente, são as *línguas*, é uma empreitada absolutamente inútil e quimérica" (ELG, p. 128). De outro lado, o estudo das línguas é regido pela linguagem, na medida em que elas a realizam: "querer estudar as línguas esquecendo que elas são primordialmente regidas por certos princípios que estão resumidos na ideia de *linguagem* é um trabalho ainda mais destituído de qualquer significação séria, de qualquer base científica válida" (ELG, p. 128-129).

Quer dizer, estuda-se a linguagem através das línguas, e as línguas são estudadas com relação à linguagem: "o estudo geral da linguagem se alimenta incessantemente [...] de observações de todo tipo que terão sido feitas no campo particular de tal ou tal língua" (ELG, p. 129) e, "reciprocamente, o estudo das línguas existentes se condenaria a permanecer quase estéril [...] se não tendesse constantemente a esclarecer o problema geral da linguagem" (ELG, p. 129). Em outras palavras, "não há separação entre o estudo da linguagem e o estudo das línguas" (ELG, p. 129).

Saussure propõe, então, uma verdadeira dialética entre linguagem e línguas. No entanto, adverte: "cada divisão e subdivisão de língua representa um documento novo, interessante como qualquer outro para o fato universal da linguagem" (ELG, p. 129-130). Nesse ponto, Saussure introduz um terceiro termo ao lado de "linguagem" e "línguas": "a língua". E faz isso ao defender que a ciência da linguagem é uma ciência histórica e não uma ciência natural (como a biologia, por exemplo): "quanto mais se estuda a língua, mais se chega a compreender que *tudo* na língua *é história*" (ELG, p. 131, destaques do autor). Dito de outro modo, o estudo da linguagem decorre do estudo das línguas que deve ser, por sua vez, referido ao problema geral da linguagem, via pela qual se chega a "a língua", ou seja, chega-se às "leis [e] procedimentos universais da linguagem" (ELG, p. 130).

Em suma, Saussure apresenta, na "Primeira conferência", as *leis* e os *procedimentos* universais da linguagem, "a língua", a partir da diversidade das línguas. Esse é o primeiro enquadramento no interior do qual Saussure começará a tratar o assunto que aqui nos mobiliza (mutabilidade e imutabilidade das línguas).

O segundo enquadramento decorre da ideia de que a linguística "é uma ciência histórica e nada além de uma ciência histórica" (ELG, p. 130), o que, no contexto do final do século XIX, significa se opor ao entendimento de que a linguística é uma ciência natural, como queriam August Schleicher (1821-1868) e, depois dele, Max Müller[38]. Para Saussure, "*a língua tem uma história*" (ELG, p. 132, destaque do autor), e é uma história referida aos "*atos humanos*" (ELG, p. 132, destaque do autor).

Desse segundo enquadramento, decorrem *dois pontos capitais*, que nos interessam aqui: "a língua se diferencia no tempo e, ao mesmo tempo, ela se diferencia ou diversifica no espaço" (ELG, p. 132).

> Uma língua, considerada em duas datas diferentes, não é idêntica a si mesma. Considerada em dois pontos mais ou menos distantes, de seu território, ela também não é idêntica a si mesma. As duas coisas, quando se quer ter uma visão exata dos acontecimentos, devem ser sempre levadas em conta ao mesmo tempo e em conjunto (ELG, p. 132).

A partir disso, Saussure apresenta quatro princípios de estudo. Dois ligados ao fator tempo e dois, ao fator espaço:

(1) "o princípio da *continuidade* no tempo" (ELG, p. 132, destaque do autor);
(2) "o princípio [...] da *transformação* no tempo" (ELG, p. 132, destaque do autor);
(3) princípio "da *divergência* no espaço" (ELG, p. 132, destaque do autor);
(4) o princípio "da *continuidade* no espaço" (ELG, p. 132, destaque do autor).

O princípio (1) é abordado na "Primeira conferência"; o (2), na "Segunda conferência; o (3) e o (4), na "Terceira conferência".

Vejamos como Saussure explica cada um deles a partir de seus exemplos.

O princípio da continuidade no tempo (1): se examinamos dois estados de língua – o francês e o latim, por exemplo – somos levados a pensar que são duas coisas distintas e em sucessão. Segundo Saussure, "que haja duas coisas nessa *sucessão* é falso, radicalmente falso e perigosamente falso" (ELG, p. 133, destaque do autor). Eis o exemplo:

> cada indivíduo emprega, no dia seguinte, o mesmo idioma que falava no dia anterior e é isso que sempre se observa. Não houve, portanto, um dia em que se pudesse lavrar o atestado de óbito da língua latina e não houve, igualmente, um dia em que se pudesse registrar o nascimento da língua

francesa. Jamais aconteceu que as pessoas da França acordassem dizendo *bom-dia* em francês, tendo, antes de dormir na véspera, dito *boa-noite* em latim (ELG, p. 133, destaques do autor).

Conclusão: "o francês não *vem* do latim, mas *é* o latim, falado numa data determinada e em determinados limites geográficos" (ELG, p. 134, destaques do autor). Ou seja, "não existem línguas filhas nem línguas mães, não existem em parte alguma e nem jamais existiram. Há, em cada região do globo, um estado de língua que se transforma lentamente, de semana em semana, de mês em mês, de ano em ano e de século em século" (ELG, p. 134). Eis o princípio da continuidade atuando: entre o latim e o francês (que é o exemplo de Saussure) há continuidade, conservação, e não ruptura. O latim de ontem se conserva no francês de hoje, do ponto de vista desse primeiro princípio:

> jamais *uma língua sucede a uma outra*; por exemplo, do *francês* suceder ao *latim*; mas que essa sucessão imaginária de duas coisas vem unicamente do fato de que nos agrada dar dois nomes sucessivos ao mesmo idioma e, por conseguinte, de fazer dele, arbitrariamente, duas coisas separadas no tempo (ELG, p. 142-143, destaques do autor).

Em resumo: apenas *existem estados de língua* que são, por sua vez, a *transição* entre a *véspera* e o *dia seguinte de uma língua.*

O princípio da transformação no tempo (2): trata-se do princípio do *movimento da língua no tempo.* A contradição com o princípio anterior é apenas aparente, pois ambos estão correlacionados. As línguas permanecem, mas também se alteram, evoluem, e isso incessantemente. Essa alteração tem duas causas distintas: a *mudança fonética* e a *analogia.*

Saussure destaca a analogia na "Segunda conferência", limitando-se a comentar sobre a *mudança fonética,* que diz respeito ao *lado fisiológico e físico da fala,* enquanto a analogia diz respeito ao *lado psicológico e mental.* Além disso, a mudança fonética está mais ligada à forma do som em si, enquanto a analogia, à forma da ideia, do significado. Eis o exemplo:

> Não há melhor maneira de perceber o que é isso [o fenômeno de analogia] do que escutar falar, por alguns minutos, uma criança[39] de três a quatro anos. Sua linguagem é um verdadeiro tecido de formações analógicas, que nos fazem sorrir, mas que oferecem, em toda a sua pureza e candura,

o princípio que não cessa de agir na história das línguas. *Venirai*. Como *je venirai*? Para isso é preciso que, em primeiro lugar, a criança conheça *venir* e associe, em seu espírito, a ideia contida em *venir* com a que deseja exprimir; mas isso não basta; é preciso, em segundo lugar, que ela tenha ouvido dizer *punir* e *je te punirai* ou *choisir* [*je choisirai*]. Então acontece o fenômeno *punir* : *punirai* = *venir* : *venirai* (ELG, p. 140).

Saussure está fazendo aqui uma relação entre a primeira pessoa do futuro do verbo *venir* [vir], um verbo do 3º grupo em francês que aí deveria ser conjugado como *viendrai*, com *punir* [punir], um verbo do segundo grupo que aí deveria ser conjugado como *punirai*. A criança diz *venirai*. Em português, algo parecido acontece quando a criança usa, para o passado perfeito, "eu fazi" por analogia com "eu comi". Ambos os verbos terminam em -*er* (*fazer* e *comer*), mas o primeiro é do grupo dos irregulares; o segundo, dos regulares. A criança, por analogia, regulariza um verbo irregular; daí temos "eu fazi".

Dito de outro modo, a criança fornece o exemplo que permite a Saussure dizer que, na verdade, uma língua evolui, mas não de maneira aleatória. Essa evolução obedece exatamente ao que permanece no sistema da língua. Inúmeros são os caso de produções novas, dentro de uma língua, que testemunham isso (por exemplo, os neologismos).

O princípio da divergência no espaço (3): "a língua não é mais idêntica nas diferentes regiões que se atravessa" (ELG, p. 145). Quer dizer, se uma língua é falada em vários espaços vemos que ela se altera diferentemente em cada um desses espaços. Assim, se combinarmos o fator tempo com o fator espaço, veremos que uma língua, falada em diferentes espaços e diferentes épocas, muda em direções diferentes. Eis o exemplo:

> quando se combina esse dado geográfico com o dado cronológico, percebe-se que [nós] não nos encontramos, quase nunca, em linguística, diante de um primeiro termo *A* refletido, alguns séculos depois, em um termo *B*; mas diante de um primeiro termo *A* que repercute, alguns séculos depois, em *B'*, *B''*, *B'''*, *B''''*... Por exemplo, se em um dado momento, se fala o idioma *A* em Genebra, o mesmo idioma *A* em Lyon, o mesmo idioma *A* em Bourges ou Paris, ao fim de duzentos ou trezentos anos, não haverá, em parte alguma, um idioma que se possa chamar de *B* com relação a *A*, mas haverá *B'* em Genebra, *B''* em Lyon, *B'''* em Bourges, *B''''* em Paris, por oposição ao *A* do ponto de partida (ELG, p. 145, destaques do autor).

124 A linguística geral de Ferdinand de Saussure

Assim, não há *uma* língua *una e idêntica,* revelada geograficamente; há sempre o *fracionamento dialetal,* ou ainda "os dialetos não são, na realidade, unidades definidas, eles *não existem* geograficamente; mas existem, em troca, geograficamente, *características* dialetais" (ELG, p. 147, destaques do autor). Na verdade, até conseguimos traçar mapas em que se identifiquem áreas geográficas dos fenômenos dialetais, mas isso não significa distinguir perfeitamente *unidades dialetais.* Cada região tem fenômenos linguísticos que, juntos, constituem o que se convencionou chamar o dialeto de uma tal região, mas é impossível delimitar "quilômetro a quilômetro" esse dialeto de qualquer outro.

Chegamos, assim ao princípio da continuidade no espaço (4). Ele é, de certa forma, uma decorrência do anterior:

> a consequência dessa observação é que não existe, regularmente, fronteira entre o que se denomina duas *línguas,* por oposição a dois dialetos, quando essas línguas são da mesma origem e faladas por populações contíguas e sedentárias. Por exemplo, não existe fronteira entre o italiano e o francês, entre os dialetos que se prefere chamar de francês e aqueles [ ]. Assim como não há dialetos delimitados, não há línguas delimitadas, nas condições normais (ELG, p. 149, destaque do autor).

Em outras palavras, uma língua não é nunca perfeitamente definida no tempo e no espaço, mas não há outra maneira de a ela se referir, ou seja, "não há outro meio de determinar o que queremos dizer, ao falar de tal ou tal língua específica, além de dizer *a língua de Roma em tal ano; a língua de Annecy em tal ano*" (ELG, p. 149, destaques do autor).

Os assuntos abordados nas conferências aparecem em várias partes do CLG. Assim, a quarta parte do livro, "Linguística geográfica", trata da diversidade das línguas, da coexistência de várias línguas em um mesmo ponto geográfico a partir da questão do espaço, o que se coaduna com os princípios (3) e (4). Nele, encontramos também um estudo das causas da diversidade geográfica em que a ação do tempo é considerada em consonância com o espaço; finalmente é abordado o problema da fronteira entre língua e dialeto. Os princípios (1) e (2), dedicados à ação do tempo sobre a língua, são muito proximamente tratados no capítulo "Imutabilidade e mutabilidade do signo"[40], da primeira parte do livro. Vamos abordar algumas dessas passagens do CLG, a título de ilustração para o leitor.

No CLG, encontramos a afirmação de que "o tempo, que assegura a continuidade da língua, tem um outro efeito, em aparência contraditório com o primeiro: o de alterar mais ou menos rapidamente os signos linguísticos" (CLG, p. 89). Eis a dialética dos princípios (1) e (2). O tempo é, simultaneamente, fator de conservação e mudança. Há solidariedade entre eles: "o signo está em condições de alterar-se porque se continua. [...] O que domina, em toda alteração, é a persistência da matéria velha [...]. Eis porque o princípio da alteração se baseia no princípio de continuidade" (CLG, p. 89).

Até aqui, vemos bastante ressonância com o que dizem as conferências anos antes. No entanto, é justo que se destaque um ponto do CLG que não está explicito nas conferência: a massa de falantes. E o CLG ilustra isso com um esquema muito claro:

Figura 6 – Tempo, língua e massa falante

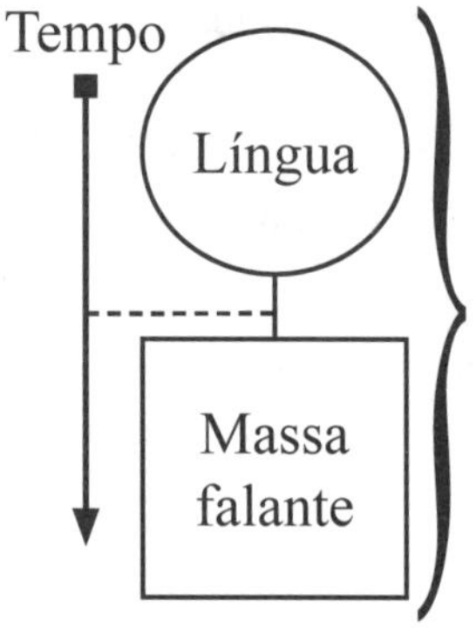

Fonte: baseado em CLG, p. 93.

O que o CLG deixa à mostra aqui é a importância da *força social, a realidade social, representada no esquema pela "massa falante"*: "Se se tomasse a língua no tempo, sem a massa falante [...] não se registraria talvez nenhuma alteração; [...]. Inversamente, se se considerasse a massa falante sem o tempo, não se veria o efeito das forças sociais agindo sobre a língua" (CLG, p. 92-93).

Por fim, em relação ao espaço, o CLG apresenta algo muito interessante e que mereceria ser mais bem explorado: a diversidade geográfica. Reitera-se aqui o que está afirmado nas conferências de que a *extensão do território* não é suficiente para impor delimitação entre as línguas: "assim como não se poderia dizer onde termina o alto alemão e onde começa o *plattdeutsch,* assim também é impossível traçar uma linha de demarcação entre o alemão e o holandês, entre o francês e italiano" (CLG, p. 236). Quer dizer, é difícil precisar onde começa e onde termina uma língua apenas utilizando para isso o critério geográfico; "as delimitações das línguas se encontram sufocadas, tanto quanto as dos dialetos, nas transições" (CLG, p. 236), não passando, pois de subdivisões arbitrárias.

AS DUAS PARTES DA LINGUÍSTICA, ASSIM DELIMITADA, VÃO-SE TORNAR SUCESSIVAMENTE OBJETO DO NOSSO ESTUDO [LINGUÍSTICA SINCRÔNICA E LINGUÍSTICA DIACRÔNICA][41]

> Diacronia – Estado de língua – Espaço – Massa de falantes – Sincronia – Sistema – Sistema de valores – Tempo

Assim o CLG encerra o terceiro capítulo da "Primeira parte", dedicado à linguística estática (sincrônica) e à linguística evolutiva (diacrônica):

> A *linguística sincrônica* se ocupará das relações lógicas e psicológicas que unem os termos coexistentes e que formam sistema, tais como percebidos pela consciência coletiva.
>
> A *linguística diacrônica* estudará, ao contrário, as relações que unem termos sucessivos não percebidos por uma mesma consciência coletiva e que se substituem uns aos outros sem formar sistema entre si (CLG, p. 116, destaques do autor).

O que a contraposição entre as duas definições coloca em destaque de imediato?

a. a importância do fator *tempo* (termos *coexistentes*, para a sincrônica; termos *sucessivos*, para a diacrônica);

b. a formação, ou não, de *sistema* (sim, para a sincrônica; não, para a diacrônica);

c. a percepção, ou não, pela *consciência coletiva* de falantes (sim, para a sincrônica; não, para a diacrônica).

Delineiam-se, assim, duas linguísticas, obtidas a partir de dois pontos de vista, cada uma com princípios e métodos próprios. Essa diferença começa a ser explicada a partir de um esquema que permite ver *os eixos sobre os quais as coisas estão situadas*:

Figura 7 – Eixo das simultaneidades e eixo das sucessões

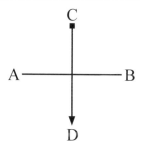

Fonte: baseado em CLG, p. 95.

Temos, de um lado, o *eixo das simultaneidades* (AB) e, de outro lado, o *eixo das sucessões* (CD). O primeiro diz respeito "às relações entre coisas coexistentes, de onde toda intervenção do tempo se exclui" (CLG, p. 95); o segundo diz respeito às "coisas do primeiro eixo com suas respectivas transformações" (CLG, p. 95). O primeiro eixo abarca fenômenos relativos à sincronia; o segundo, à diacronia: "*sincronia* e *diacronia* designarão respectivamente um estado de língua e uma fase de evolução" (CLG, p. 96, destaques do autor).

Esses eixos delimitam lugares distintos para os falantes (e para o linguista como falante que é): para o falante, "a sucessão [de fatos de língua] não existe: ele se acha diante de um estado" (CLG, p. 97). Logo, a massa de falantes somente tem consciência sincrônica de sua língua, e nunca (ou raramente) diacrônica.

Para exemplificar a diferença entre linguística diacrônica e linguística sincrônica, uma segunda figura do CLG será útil aqui:

Figura 8 – Oposição sincrônico/ diacrônico

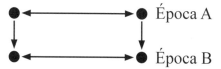

Fonte: baseado em CLG, p. 100.

Podemos ler a figura em dois sentidos: no eixo horizontal ou no vertical. No primeiro, vemos a sincronia; no segundo, a diacronia. Vamos parafrasear aqui um exemplo dado no CLG (p. 98-99), para ilustrar as duas perspectivas colocadas na figura.

Segundo Saussure:

128 A linguística geral de Ferdinand de Saussure

a. o latim *crispus* [crespo] produziu o radical *crep-* em francês, em palavras como *crépir* [rebocar] e *décrépir* [tirar o reboco];

b. o francês também tomou emprestado outra palavra do latim, *decrēpitus* [gasto pela idade], para fazer outra palavra, *décrépit* [decrépito];

c. a massa de falantes do francês, hoje em dia, estabelece relação entre *un mur décrépi* e *un homme décrépit* [uma parede decrépita e um homem decrépito].

A relação evidenciada em (c) é "um fato estático, pois trata-se duma relação entre dois termos coexistentes na língua" (CLG, p. 99), diz respeito à sincronia, à linguística sincrônica, portanto; os fenômenos listados em (a) e (b) são diacrônicos e "não têm relação alguma com o fato estático que produziram" (CLG, p. 99), dizem respeito à linguística diacrônica. São, pois, de ordens distintas.

A relação entre *un mur décrépi* e *un homme décrépit* [uma parede decrépita e um homem decrépito] corresponde à leitura horizontal, pois são relações em uma dada época.

A relação entre *crispus* [crespo] e *crep-* corresponde à leitura vertical, em que se passa de uma forma à outra.

Assim, a linguística diacrônica ocupa-se de tudo o que "diz respeito às evoluções" (CLG, p. 96) em uma dada língua; já a linguística sincrônica ocupa-se "de tudo quanto se relacione com o aspecto estático" (CLG, p. 96): para a diacronia, o estudo de uma *fase de evolução*; para a sincronia, o estudo de um *estado de língua*. Em outras palavras, são duas linguísticas opostas em seus métodos e em seus princípios: "o 'fenômeno' sincrônico nada tem em comum com o diacrônico, um é uma relação entre elementos simultâneos, o outro, a substituição de um elemento por outro no tempo, um acontecimento" (CLG, p. 107). Os fenômenos sincrônicos estão ligados ao conjunto do sistema; os diacrônicos são parciais e não fazem sistema.

Além do que dissemos até aqui, um outro ponto é importante para Saussure na compreensão dessa distinção: a massa de falantes – "o aspecto sincrônico prevalece sobre o outro, pois para a massa falante, ele constitui a verdadeira e única realidade" (CLG, p. 105-106). Quer dizer, o falante não tem consciência da história da língua. Ora, a linguística sincrônica, também chamada linguística estática, estuda estados de língua para uma determinada massa de falantes, e "um estado de língua não é um ponto, mas um espaço de tempo, mais ou menos longo, durante o qual a soma de modificações ocorridas é mínima" (CLG, p. 117-118).

Ou seja, um estado de língua é o que se visualiza a partir do ponto de vista sobre a língua que visa a um dado momento no tempo.

Em resumo, no CLG, "o objeto da Linguística sincrônica geral é estabelecer os princípios fundamentais de todo o sistema idiossincrônico, os fatores constitutivos de todo o estado de língua" (CLG, p. 117); essa linguística se ocupa do estudo dos "valores e relações coexistentes" (CLG, p. 117), em um dado momento no tempo. A língua é vista, nessa perspectiva, como um sistema de relações – um sistema de valores – cuja análise depende do entendimento de que "a língua é um sistema do qual todas as partes podem e devem ser consideradas em sua totalidade sincrônica" (CLG, p. 102).

Em relação ao ELG, já tivemos oportunidade de tratar a questão do ponto de vista sobre a transformação e a continuidade das línguas, em sua relação com o tempo e com o espaço. Remetemos, portanto o leitor ao item para rever esses aspectos (cf. item "A língua se diferencia no tempo e, ao mesmo tempo, ela se diferencia ou diversifica no espaço").

Porém, cabe fazer uma observação relativamente a duas questões: a terminologia adotada por Saussure e a suposta hierarquia entre as duas linguísticas.

No ELG, vê-se claramente que Saussure oscila muito em escolher a terminologia adequada para nomear a sua pesquisa. Por exemplo, em "Sobre a essência dupla da linguagem", onde vemos a oposição entre diacrônico e sinóptico: "um *fato de língua* exige separação entre os pontos de vista diacrônico e sinóptico" (ELG, p. 62, destaque do autor)[42]. A estabilização dos termos "linguística diacrônica" e "linguística sincrônica" é tardia na reflexão saussuriana, mais contemporânea dos cursos da Universidade de Genebra. Quanto a "linguística diacrônica", o termo foi criado por Saussure (cf. De Mauro, 1976: 451, nota 170) e não coincide com o que se conheceu como "linguística histórica", estudo fortemente influenciado por August Schleicher com base nos trabalhos evolucionistas e naturalistas de Darwin.

A linguística, para Saussure, como mostram fartamente suas anotações presentes no ELG, é uma ciência histórica – no sentido em que toda língua tem uma história –, e não uma ciência natural.

Embora Saussure – ao menos é a imagem que nos dá o CLG – pareça ter privilegiado os estudos sincrônicos, não se pode esquecer que ele foi um comparativista e que também se dedicou a estudar as línguas de um ponto de vista que considera o tempo.

No ELG, isso fica muito claro nas conferências dadas na Universidade de Genebra em 1891. O que vemos ali não é propriamente uma hierarquia, mas o

130 A linguística geral de Ferdinand de Saussure

estabelecimento de pontos de vista de análise de uma língua que não podem ser nem confundidos nem misturados.

O PROBLEMA LINGUÍSTICO É, ANTES DE TUDO, SEMIOLÓGICO[43]

> Arbitrariedade – Convencionalidade – Linguística – Semiologia – Signo – Símbolo – Valor

Partamos do começo: a linguística geral de Saussure é uma semiologia, uma semiologia linguística. Isso é bem evidente no CLG graças a um percurso reflexivo bastante diretivo. Em primeiro lugar, Saussure define a semiologia: trata-se de "uma ciência que estud[a] a vida dos signos no seio da vida social. [...] Chamá-la-emos de *Semiologia* (do grego *sēmeîon*, 'signo'). Ela nos ensinará em que consistem os signos, que leis os regem" (CLG, p. 24). Em segundo lugar, acrescenta, em tom prospectivo: "como tal ciência não existe ainda, não se pode dizer o que será; ela tem direito, porém, à existência; seu lugar está determinado de antemão" (CLG, p. 24). Em terceiro lugar, coloca semiologia e linguística em relação: "a Linguística não é senão uma parte dessa ciência geral; as leis que a Semiologia descobrir serão aplicáveis à Linguística e esta se achará dessarte vinculada a um domínio bem definido no conjunto dos fatos humanos" (CLG, p. 24). Finalmente, delimita a tarefa do linguista: "definir o que faz da língua um sistema especial no conjunto dos fatos semiológicos" (CLG, p. 24).

Então, se a linguística é parte da semiologia, ela é uma semiologia linguística. Mas exatamente o que isso quer dizer? Mais uma vez, devemos estar atentos ao percurso adotado no CLG.

Embora o CLG não diga textualmente isto, podemos deduzir que, para Saussure, há as semiologias não linguísticas (que estudariam outros sistemas de signos – ritos simbólicos, formas de polidez, sinais militares etc.) e há a semiologia linguística (que estudaria apenas o signo linguístico no sistema da língua). Além disso, a semiologia permite ver que "para compreender a sua [da língua] natureza cumpre fazer intervir uma nova ordem de fatos" (CLG, p. 24). Essa "nova ordem" é o ponto de vista semiológico, segundo o qual a língua é um sistema de signos de tipo muito específico: um sistema de signos arbitrários.

Por isso que a semiologia volta a comparecer no CLG, mas, dessa vez, no capítulo dedicado à natureza do signo linguístico, o primeiro capítulo da "Primeira parte", quando é apresentado o princípio da arbitrariedade do signo. Ali, Saussure contrapõe, de um lado, uma semiologia dos signos naturais e dos signos convencionais; de outro lado, uma semiologia dos signos arbitrários.

Em primeiro lugar, a contraposição entre semiologia dos signos naturais e semiologia dos signos arbitrários:

> quando a Semiologia estiver organizada, deverá averiguar se os modos de expressão que se baseiam em signos inteiramente naturais – como a pantomima – lhe pertencem de direito. Supondo que a Semiologia os acolha, seu principal objetivo não deixará de ser o conjunto de sistemas baseados na arbitrariedade do signo (CLG, p. 82).

Em seguida, a contraposição entre o tratamento semiológico dos signos convencionais e o dos signos arbitrários:

> Com efeito, todo meio de expressão aceito numa sociedade repousa em princípio num hábito coletivo ou, o que vem a dar na mesma, na convenção. Os signos de cortesia, por exemplo, dotados frequentemente de certa expressividade natural (lembremos os chineses, que saúdam seu imperador prosternando-se nove vezes até o chão) não estão menos fixados por uma regra; é essa regra que obriga a empregá-los, não seu valor intrínseco. Pode-se, pois, dizer que os signos inteiramente arbitrários realizam melhor que os outros o ideal do procedimento semiológico (CLG, p. 82).

Por fim, a explicação que dá à língua um lugar diferenciado em relação aos demais sistemas de signos:

> eis porque a língua, o mais completo e o mais difundido sistema de expressão, é também o mais característico de todos; nesse sentido, a Linguística pode erigir-se em padrão de toda Semiologia, se bem que a língua não seja senão um sistema particular (CLG, p. 82).

Observe-se que agora não é mais a linguística que está na dependência da semiologia. Se, antes, o CLG afirmava que *as leis da semiologia* seriam *aplicáveis à linguística*, agora é a linguística que pode *erigir-se como padrão* da semiologia. E isso tudo graças à arbitrariedade do signo linguístico, pois o semiológico está associado ao arbitrário. E isso permite a Saussure afastar o que poderia ser um

132 A linguística geral de Ferdinand de Saussure

equívoco: supor que signos não linguísticos possam ter um significado intrínseco, não decorrente do sistema do qual fazem parte.

Ora, um elemento qualquer é semiológico porque forma e sentido são considerados no interior de um dado sistema no qual encontram seu valor. Isso é extensível a todos os signos cujos sistemas podem ser abordados pela semiologia.

Nas fontes presentes no ELG, Saussure chega à semiologia de distintas maneiras. Vamos aqui destacar alguns momentos do livro.

Em "Sobre a essência dupla da linguagem", vemos que é possível, de um lado, considerar apenas os sons de uma língua, seu lado material, o que ele chama de *figuras vocais* (tem-se aí uma fonética); de outro lado, é possível considerar os signos de uma língua (som e sentido, forma e sentido, em relação ao conhecimento do sujeito falante). É nessa segunda via que se apresenta a semiologia no ELG: "Semiologia = morfologia, gramática, sintaxe, sinonímia, retórica, estilística, lexicologia etc., *sendo o todo inseparável*) (ELG, p. 44, destaque do autor).

Nesse primeiro sentido, vemos que a semiologia está ligada a um estudo da língua como um todo.

Mais adiante no livro, lemos em "Notas para um artigo sobre Whitney": "a linguagem não é nada mais do que um *caso particular* da teoria dos signos" (Saussure, 2002: 220)[44]. Observe-se que aqui já vemos – embora ainda não nomeada semiologia – a ideia de uma teoria geral dos signos.

Nesse mesmo documento, encontramos, adiante, a comparação da língua ao jogo de xadrez: "Nós vamos manter a comparação, persuadidos de que não há muita coisa que nos permita entrever tão bem a natureza tão complexa dessa semiologia particular chamada linguagem" (ELG, p. 186). Observe-se que aqui semiologia tem sentido muito próximo do que ficou conhecido como "sistema linguístico". Essa mesma perspectiva é apresentada nas "Notas preparatórias para os cursos de linguística geral": "a língua, ou o sistema semiológico, qualquer que seja, não é um barco no estaleiro, mas um barco lançado ao mar" (ELG, p. 248), passagem esta que já citamos anteriormente para mostrar que uma língua tem, para Saussure, um curso, uma história.

Por fim, o ELG traz ainda a relação da semiologia com o arbitrário do signo e com o valor, o que se vê também no CLG, como mostrado anteriormente. Assim, ainda nas mesmas "Notas preparatórias", Saussure, falando nas "ciências que se ocupam de *valores*" (ELG, p. 287, destaques do autor), destaca que não se trata do "valor que tem uma raiz nas coisas, mas do valor *arbitrariamente fixável* (semiologia) = signo arbitrariamente fixável (linguística)" (ELG, p. 287).

Em todas essas poucas passagens – muitas outras poderiam ser localizadas no interior do ELG –, vemos emanar a ideia de que a língua (e, por esse viés, também a linguística) é o elemento nuclear de uma semiologia, seja por fornecer o ponto de vista de abordagem, seja por fornecer os elementos que o constituem.

Em "Sobre a essência dupla da linguagem", lemos o seguinte título (ELG, p. 65, destaques do autor): *"Princípio fundamental da semiologia, ou da 'língua', considerada regularmente como língua e não como resultado de estados precedentes"*. E qual é esse princípio? Saussure explica: "Não há, na língua, nem *signos* nem *significações*, mas DIFERENÇAS de signos e DIFERENÇAS de significação". Quer dizer, esse ponto de vista sobre a língua é o *princípio fundamental da semiologia*, pois nele está posto o sistema e seus elementos, independentemente do que o precedeu como *estado precedente*.

PRINCÍPIO MAIOR: EM UM DETERMINADO ESTADO DE LINGUAGEM, REAL É AQUILO DE QUE OS SUJEITOS FALANTES TÊM CONSCIÊNCIA, TUDO AQUILO DE QUE TÊM CONSCIÊNCIA E NADA ALÉM DO QUE PODEM TER CONSCIÊNCIA[45]

> Consciência – Discurso – Fala – Língua – Linguagem – Sujeito falante – Teoria do Valor Linguístico – Teoria do sentido – Teoria de conjunto

A passagem que serve de título para este item consta de um documento presente na edição de Engler (1974), portanto sua divulgação é bastante anterior aos documentos ligados aos manuscritos "Sobre a essência dupla da linguagem", descobertos apenas em 1996. Na verdade, ela tem um valor emblemático para tudo o que o conjunto deste *A linguística geral de Ferdinand de Saussure* defende, qual seja: ela coloca o falante no centro da reflexão.

Todas as interpretações teóricas que fizemos até aqui são suficientes para nos autorizar a concluir que, para Saussure, *a língua é o sujeito falante* – "a primeira expressão da realidade seria dizer que a língua (ou seja, o sujeito falante) [...]" (ELG, p. 39). É isso que conduz Saussure a pensar em uma noção de língua como atividade, e não como produto acabado. Temos alguns argumentos para defender essa ideia. Explicamo-nos.

Em primeiro lugar, se admitimos que "a língua só é criada em vista do discurso" (ELG, p. 237), somos levados a admitir que a linguística de Saussure apresenta uma visão de conjunto da linguagem humana que não pode ser pensada a partir da

134 A linguística geral de Ferdinand de Saussure

separação língua/fala, mas, sim, a partir da sua implicação mútua; que não pode supor a existência de uma língua externa à atividade do sujeito falante. Para essa linguística, "será necessário fazer conta total das maneiras de ver e dos 'campos de análise'" (ELG, p. 104); uma análise que será sempre de conjunto, da "língua discursiva": "embora seja necessária uma análise para fixar os elementos da palavra, a palavra em si mesma não resulta da análise da frase. Porque a frase só existe na fala, na língua discursiva, enquanto a palavra é uma unidade que vive fora de todo o discurso, no tesouro mental" (ELG, p. 105). Enfim, "todas as modificações, sejam fonéticas, sejam gramaticais (analógicas), se fazem exclusivamente no discursivo" (ELG, p. 86).

A linguística de Saussure abre a reflexão para o estudo do discurso; isso é um fato.

A visão saussuriana de discurso, porém, é bastante específica: ela diz respeito ao fato de o ato de fala ser uma atividade que coloca em ação um sistema potencial. Trata-se de um funcionamento revelado sempre que o falante fala. A língua pensada por Saussure não é a abstração tão propalada pelo estruturalismo no século XX (cf. "Apêndice", adiante); ela é o uso que os falantes promovem dos mecanismos que fazem parte de uma língua.

Enfim, o discurso do falante é o modo de existência da língua, de qualquer língua. O sistema constitutivo de cada língua, quando colocado em prática, faz funcionar uma rede de valores, construídos em relações de oposição e diferença, nos eixos sintagmáticos e associativos, em uma dada sincronia: "discurso" é o termo que resume todo esse funcionamento.

Em segundo lugar, se admitimos essa ideia de "teoria de conjunto", então a inseparabilidade entre léxico, gramática e discurso se projeta em uma "teoria do sentido", uma abordagem semântica de cada elemento linguístico, perspectiva esta sustentada por uma "Teoria do Valor Linguístico". Eis a tríade que, segundo pensamos, compõe a linguística de Saussure: uma teoria de conjunto, uma teoria do sentido, uma teoria do valor, o que implica a constituição de um objeto semântico.

As consequências dessa visão são muitas e de grandes horizontes: inexistem fonologias, morfologias, sintaxes etc. que não sejam baseadas no sentido; os níveis da análise linguística, os elementos, os signos são sempre unidades de sentido. E o sentido atravessa cada componente da língua, torna-o distinto e, ao mesmo tempo, unido ao conjunto do qual faz parte.

Assim, a "Teoria do Valor Linguístico", criada por Ferdinand de Saussure, produz princípios fundamentais de entendimento da linguagem humana e das línguas; e o mais importante deles é que não há valor que seja universal, válido para toda e qualquer língua. A língua (*langue*) apenas tem existência nas línguas que, por sua vez, existem apenas na fala (*parole*) do sujeito falante, portanto no discurso em uma língua, e tudo isso está reunido na linguagem.

É assim que se pode entender o que dissemos no início deste item: que, para Saussure, *a língua é o sujeito falante*, pois ela somente existe "no homem [...], numa coletividade de indivíduos e numa época determinada" (ELG, p. 115), sem que se possa "atribuir às línguas um corpo e uma existência imaginários, fora dos indivíduos falantes" (ELG, p. 115).

A clareza é simples: *a língua é o sujeito falante*, sua consciência[46], não existe sem ele, e o linguista apenas pode estudar isso a partir de um ponto de vista que mira a elaboração de uma teoria de conjunto da língua.

Notas

[1] As passagens retiradas do ELG merecem um comentário à parte. Se nosso interesse estivesse voltado ao estudo genético ou mesmo cronológico do pensamento saussuriano, o correto seria fazer acompanhar cada citação do ELG da identificação do manuscrito ao qual essa citação pertence (como sabemos, esses manuscritos são, boa parte das vezes, intitulados pelos editores e, raras vezes, pelo próprio Saussure, conforme explicam Bouquet e Engler no "Prefácio" do livro) e mesmo de sua indicação cronológica. Não faremos isso aqui por um só motivo: nosso interesse é apenas localizar a passagem no interior do livro como forma de melhor orientar nosso leitor, tendo em vista pesquisas futuras.

[2] Cf. CLG, p. 15.

[3] Sobre o ponto de vista na teorização de Saussure, ver Marques (2021).

[4] Cf. CLG, p. 16.

[5] Especificamente sobre a *linguística da fala*, vale lembrar que Charles Bally e Albert Sechehaye informam, no "Prefácio" do CLG, que era intenção de Saussure desenvolvê-la. Segundo eles, a reflexão sobre a *linguística da fala*, "prometida aos ouvintes do terceiro curso, (...) teria tido, sem dúvida, lugar de honra nos seguintes" (Bally; Sechehaye, 1975: 4).

[6] Embora não seja o nosso foco aqui, não podemos deixar de chamar a atenção para o fato de que, nessa passagem, parece ser introduzida uma diferença entre "ciência da língua" (a "primeira ciência"), "estudos da linguagem" (um conjunto de estudos no qual a "ciência da língua" tem um "verdadeiro lugar") e "Linguística" (que, nessa passagem, não recebe maior especificação).

[7] Cf. CLG, p. 276.

[8] O professor Gabriel Othero, em conversa pessoal sobre o tema, me fez ver que é interessante observar que nessa figura há uma grande complexidade semiótica não contemplada pelo raciocínio saussuriano. Na verdade, quando dizemos que isso é "uma representação que coloca o objeto 'árvore' em relação à palavra 'árvore'", já estamos usando elementos semióticos pertencentes à língua para explicar essa relação. Ou seja, o que temos na figura é um desenho/uma representação de algo no mundo físico que convencionalmente chamamos de *árvore*, ligado justamente à palavra "árvore". Tema interessante para um debate se acrescentamos à formulação do professor Gabriel o que diz Umberto Eco (1984: 8) sobre a relação entre o objeto "árvore" e a palavra "árvore": "O que é essa árvore? Um desenho? Nesse caso é um outro significante".

[9] Cf. CLG, p. 81.

[10] São inúmeros os estudos em torno da arbitrariedade do signo linguístico devido ao impacto que tal princípio teve para o estabelecimento da linguística moderna. Tais estudos estão, de alguma forma, condensados na proposta de interpretação feita a seguir. Cf. Benveniste (1988), Engler (1962), Normand (1973), Milner (1975), Godel (1974-1975), Gadet (1987), Bouquet (1997), Fehr (1995), Jakobson (1992), Suenaga (1997), entre outros.

136 A linguística geral de Ferdinand de Saussure

[11] Milner (1978) atribui dupla função ao arbitrário no edifício teórico de Saussure: 1) garantir que o sistema da língua independe da ordem das coisas e de 2) regular a relação significante-significado. Isso equivale a dizer que, para Milner, o signo, como conceito central da linguística de Saussure, desvincula a teoria do signo de uma teoria das coisas. A consequência imediata é o rompimento de Saussure com a tradição filosófica, já que nela, a exemplo do debate presente no *Crátilo* de Platão, o signo é visto como pertencente à ordem das coisas.

[12] Para uma excelente contraposição acerca da questão do arbitrário do signo entre as fontes manuscritas e o CLG, é indispensável a leitura de Bouquet (2000), em especial o capítulo "O arbitrário como razão do signo". Trata-se de uma análise primorosa e muito bem fundamentada.

[13] Os termos significante, significado e signo se estabilizam em seu uso tornado célebre apenas na aula de 19 de maio de 1911 (cf. Bouquet, 2000: 230).

[14] Para um excelente estudo sobre essa flutuação terminológica nos manuscritos de Saussure, ver Depecker (2012), em especial o capítulo "Abordagens do arbitrário do signo".

[15] Fazemos uma tradução livre das palavras presentes nessa passagem, uma vez que, na edição brasileira de *Escritos de linguística geral*, elas não aparecem traduzidas.

[16] Cf. CLG: 24.

[17] No Brasil, para aprofundar o tema, cabe lembrar o trabalho de Nóbrega (2013): *O ponto de vista do sistema: possibilidade de leitura da linguística geral de Ferdinand de Saussure* (cf. "Referências", neste livro).

[18] Tullio De Mauro (1976, p. 429 n. 91) considera essa uma das passagens mais importantes no CLG, devido ao seu caráter inovador.

[19] Muitas são as metáforas presentes no CLG e nas fontes do ELG. Elas recobrem campos bastante díspares. Em uma rápida enumeração, encontramos: anatomia, química, fisiologia, mecânica, vida, vestuário, jogos, veículos, objetos (folha de papel, p. e.), arquitetura, geografia, espaço, corpo, fotografia, astronomia, botânica, parentesco, navegação, entre muitos outros.

[20] Normand refletiu sobre o papel da metáfora no âmbito do discurso científico das ciências humanas – e no de Saussure, em especial – no decorrer de toda a sua vida. O trabalho inaugural sobre isso é *Métaphore et concept* (1976) no qual, de uma perspectiva bachelardiana, a autora defende que a metáfora é uma passagem obrigatória para a formulação do conceito, ou seja, *a metáfora prepara o conceito* (Normand, 2006: 226). No Brasil, encontramos exemplos de trabalhos dessa natureza em Ribeiro (2016) e Silva (2018).

[21] Para uma abordagem da noção de "sistema linguístico", no âmbito da metáfora do jogo de xadrez, remetemos também a Battisti, Othero e Flores (2021).

[22] Depecker (2012), com base nas fontes manuscritas, insiste bastante na expressão "partida de xadrez" e não "jogo de xadrez". Segundo ele, "trata-se da imagem da '*partida de xadrez*', e não jogo de xadrez. Portanto, de uma análise que tende a dar uma perspectiva dinâmica (a '*partida de xadrez*'), e não estática (o jogo de xadrez)" (Depecker, 2012: 63). Tem sentido a observação de Depecker, no entanto, não é demais observar que o CLG fala em "jogo da língua" (CLG, p. 104) e "jogo de xadrez"; o ELG, por sua vez, também utiliza a expressão "jogo de xadrez" (ELG, p. 63), no manuscrito "Sobre a essência dupla da linguagem". Certificamo-nos disso também nas edições francesas das obras, e não apenas nas traduções brasileiras. Nós manteremos aqui exatamente a expressão que comparece nas citações.

[23] Mais algumas ocorrências da metáfora: "assim como o jogo de xadrez está todo inteiro na combinação das diferentes peças, assim também a língua tem o caráter de um sistema baseado completamente na oposição de suas unidades concretas" (CLG, p. 124).

[24] Depecker (2012: 63) informa que a "imagem da 'partida de xadrez' (...) aparece pela primeira vez nas *Notas sobre a acentuação lituana* de 1894".

[25] Cf. ELG, p. 74.

[26] Para uma discussão sobre teoria e ciência linguística, ver *Introdução a uma ciência da linguagem* (2021), de J.-C. Milner.

[27] Interessante notar que, nesta página do CLG, a *significação* é "a contraparte da imagem auditiva" (CLG, p. 133), quer dizer, "significação" tem aqui o valor de "significado".

[28] Do ponto de vista auditivo, um timbre que pode estar presente em consoantes palatais (Cagliari 1974: 160).

[29] No material publicado no ELG, a Teoria do Valor recebe contornos muito específicos e mesmo contrários em relação ao que estabelece o CLG. Na nossa abordagem, não chegamos a fazer uma contraposição entre ELG e CLG. Porém, é importante dizer, cabem maiores aprofundamentos sobre o tema. Para tanto, o ponto de partida incontornável para isso é o excelente trabalho de Simon Bouquet (2000), *Introdução à leitura de Saussure*.

[30] Isso não significa que esse ponto esteja ausente do CLG (cf. por exemplo, "a língua existe na coletividade" (CLG, p. 27)), mas apenas que preferimos abordá-los a partir do ELG.

[31] A tradução brasileira da "Nota sobre o discurso" tem sido objeto de discussão no meio especializado. Usamos, aqui, a tradução publicada na edição brasileira do ELG. No entanto, para uma discussão mais aprofundada sobre essa tradução para o português, remetemos a Flores (2019b).

[32] Para um estudo mais detido sobre a "Nota", no Brasil, remetemos ao apêndice "Pequena nota a respeito da 'Nota sobre o discurso'", presente em Flores (2021).

[33] A edição brasileira do livro de Starobinski é de 1974 (cf. "Referências").

[34] Depecker (2012: 137, grifos do autor) afirma algo muito semelhante: "conjuntamente ou paralelamente a *'fala'*, Saussure também utiliza *'discurso'*".

[35] Esse mesmo contexto é retomado por Arrivé (1999 e 2007) no quadro da discussão em torno da noção de tempo em Saussure, ligada à questão da identidade linguística.

[36] Apresentamos, a seguir, a "Nota" em tradução nossa do a partir do original em francês *Écrits de linguistique générale* (2002).

[37] (Cf. ELG, p. 132).

[38] Para uma visão geral da história da linguística, recomendamos fortemente a leitura da recente edição revista e comentada de *História da linguística* (2021) de Mattoso Camara Jr. – não consta nas referências.

[39] Sobre a analogia e o estudo da fala da criança, ver Silva (2013), Castro (2018) e Figueira (2015).

[40] Para uma apresentação detalhada dessa questão, ver Battisti, Othero e Flores (2021: 79-84).

[41] Cf. CLG, p. 116. O acréscimo entre colchetes é nosso.

[42] Sobre essa oscilação terminológica, ver Battisti, Othero e Flores (2021: 40-41).

[43] Cf. CLG, p. 25.

[44] Citamos aqui o ELG diretamente do francês, em tradução nossa.

[45] Cf. ELG, p. 166.

[46] A palavra "consciência" deve ser entendida, nesse contexto, como garantia do saber que cada falante tem da língua: "a palavra, assim como seu sentido, não existe fora da consciência que temos dela, ou que nos dispomos a adotar a cada momento" (ELG, p. 76).

A linguística saussuriana é uma teoria do sentido

Desde que concordemos que a noção de ponto de vista é crucial para o estabelecimento da linguística geral de Ferdinand de Saussure, somos levados a negar qualquer origem apriorística dos fatos de língua. Quer dizer: um fato de língua sempre é o produto de um ponto de vista. É isso que quer dizer a célebre máxima do CLG "é o ponto de vista que cria o objeto" (CLG, p. 15), já várias vezes lembrada neste livro; é isso que podemos ler no ELG: "não há o menor traço de *fato linguístico,* nem a menor possibilidade de perceber ou de determinar um fato linguístico fora da adoção anterior de um ponto de vista" (ELG, p. 27).

Essa mesma ideia – a de que o ponto de vista determina o que é analisável e como isso é analisável em matéria de língua – pode também servir para fornecer ao estudioso da obra saussuriana subsídios para instaurar um ângulo a partir do qual ela pode ser observada. A posição que adotamos para entender a linguística geral de Saussure leva-nos a defender que a teoria de Saussure é uma teoria do sentido da(s) língua(s). Isso merece ser mais bem explicado.

Em primeiro lugar, cabe chamar a atenção para uma questão terminológica: *significação* e *sentido* são relativamente sinônimos em Saussure. Corrobora essa nossa interpretação a opinião de Normand (2009b: 157), para quem "os termos *sentido* e *significação* alternam-se sem que se possa, tanto no *CLG* como nos manuscritos, encontrar uma diferença entre eles". Portanto, ao dizermos que a teoria de Saussure é uma teoria do sentido, não fazemos distinção de escopo dessas duas palavras.

Em segundo lugar, vale observar que a afirmação de que Saussure teria desenvolvido uma teoria do sentido da(s) língua(s) não implica dizer que Saussure desenvolveu uma semântica[1] *stricto sensu,* isto é, uma disciplina linguística que figura ao lado de outras como fonologia, morfologia e sintaxe em inúmeros manuais de introdução à linguística. Nossa afirmação é de outra ordem.

O que queremos dizer é que Saussure fundamenta seu pensamento na consideração da significação (ou do sentido) linguística. A Teoria do Valor

Linguístico incide sobre o objeto língua em seu conjunto como uma teoria do sentido linguístico que não está circunscrita a uma disciplina semântica. Em outras palavras, defendemos que Saussure elaborou uma teoria da significação sem que esta seja *uma semântica*, o que alicerça a questão do sentido na língua em bases muito mais complexas (e amplas) do que uma visada disciplinar poderia fazer.

Mais uma vez, é Normand[2] quem explica melhor:

> Saussure não desenvolveu, em particular, o que deveria ser uma semântica, como fez para os estudos das formas, a morfologia; é que não é possível, em sua perspectiva, separá-las: colocar no espírito do positivismo lógico uma semântica distinta da sintaxe é pressupor que se possa estudar separadamente forma e sentido (Normand, 2009b: 157).

Anos antes, em um texto cujo título dispensa glosa – "O CLG: uma teoria da significação?" –, Normand (1990) assim se manifesta: "nossa hipótese é que, na medida em que o *CLG* é uma epistemologia, podemos ver nela os elementos de uma abordagem semântica linguística ou, ao menos, a indicação de seus limites" (Normand, 1990: 36-37). E acrescenta: "para o *CLG, a linguística* nova é uma *semântica*, a única possível" (Normand, 1990: 40, destaques da autora).

Bem entendido: essa teoria semântica não supõe a separação tradicional entre o léxico e a gramática: "o estudo morfológico e semântico das unidades e sua colocação em relação é, portanto, recusado: léxico, morfologia, sintaxe levam em conta o mesmo funcionamento, portanto, o mesmo tipo de análise" (Normand, 1990: 37).

Em outras palavras, "o sentido [...] é onipresente nos seus desenvolvimentos [de Saussure], pois é por essa primeira propriedade que são definidas as unidades linguísticas: elas só são reais quando significativas para os locutores" (Normand, 2009b: 157).

As conclusões que aqui se impõem são de dois tipos. De um lado, Saussure instaura uma divisão de águas no entendimento do que vem a ser a significação em uma teoria linguística, uma vez que a teoria semântica de Saussure não dissocia forma e sentido, dissociação que, na maioria das vezes, determina a proposição da semântica como disciplina. De outro lado, Saussure recusa a separação dos níveis da análise linguística em compartimentos estanques: a teoria semântica de Saussure é uma teoria de conjunto em que léxico, sintaxe e morfologia estão interligados. Por fim, não é demais lembrar: o sentido é real apenas com relação aos locutores.

Além de tudo isso, cabe observar que a teoria de Saussure é a Teoria do Valor Linguístico, e o valor é sempre um valor semântico. O valor é feito de sentido e criador de sentidos. É o próprio Saussure quem explica:

> Nós não estabelecemos nenhuma diferença séria entre os termos *valor, sentido, significação, função* ou emprego de uma forma, nem mesmo com a *ideia* como *conteúdo* de uma forma; esses termos são sinônimos. Entretanto, é preciso reconhecer que *valor* exprime, melhor do que qualquer outra palavra, a essência do fato, que é também a essência da língua, a saber, que uma forma não *significa*, mas *vale*: esse é o ponto cardeal. Ela *vale*, por conseguinte ela implica a existência de outros *valores* (ELG, p. 30, destaques do autor).

Por fim, é bom lembrar: o ponto de vista do sentido que é o nosso aqui exige que se considere que uma língua é significante (quer dizer, tem valor) só, e somente só, para os locutores que a falam.

Notas

[1] Para aprofundar o tema da semântica em Saussure, ver também Normand (1990), Barbisan (2016) e De Palo (2006).

[2] Vai na mesma direção de Normand – embora com procedimentos bastante distintos – o trabalho de Bouquet (2000), que, inclusive, intitula "Gramática do sentido" a quarta parte de seu livro *Introdução à leitura de Saussure*. Bouquet afirma que "o fato semântico é transversal às diversas 'unidades' da língua" (Bouquet, 2000: 244), ou seja, ele é transversal ao conjunto dos níveis da análise linguística, o que evidencia a recusa das divisões clássicas da linguística entre léxico, morfologia e sintaxe.

Apêndice:
breve nota sobre Saussure
e o estruturalismo

Em 1948[1,2], o grande linguista dinamarquês Louis Hjelmslev (1899-1965) explicava:

> Sob muitos aspectos, pode-se considerar Ferdinand de Saussure o fundador da moderna ciência da linguagem. Foi ele, também, **o primeiro a encarecer uma abordagem estrutural da linguagem**, *i.e.*, uma descrição científica em termos de relações entre unidades (Hjelmslev, 1991: 37, grifo nosso).

Anos mais tarde, o linguista britânico John Lyons (1932-2020), em um importante livro de introdução à linguística, *Lingua(gem) e linguística*, cuja leitura, por muitos anos, foi a principal fonte para formação de muitos linguistas (inclusive no Brasil), afirmava, em capítulo dedicado ao estruturalismo:

> Aquilo a que comumente nos referimos como **estruturalismo**, especialmente na Europa, tem origem múltipla. É convencional e conveniente **datar o seu nascimento** como movimento identificável em linguística **a partir da publicação do *Cours de linguistique générale* de Saussure em 1916** (Lyons, 1987: 203, grifos nossos).

É nesse tempo também que o linguista brasileiro Edward Lopes, ao falar das "teses centrais do CLG", formula, em seu livro *Fundamentos da linguística contemporânea*, algo muito parecido com as duas passagens anteriores:

> O que marcará a sua imagem para posteridade [de Saussure] serão as teses centrais do CLG: suas ideias acerca do *valor relacional* dos elementos linguísticos, da autossuficiência do sistema, da necessidade de se dissociar

uma *linguística dos estados* (sincrônica) do âmbito da *linguística evolutiva* (diacrônica), da natureza do signo linguístico e da distinção *langue/parole*. **São essas ideias que fundaram a linguística estrutural clássica** e, ao mesmo tempo, deram início à fase contemporânea dessa ciência (Lopes, 1980: 73, grifo nosso).

Ora, não podemos deixar de contrapor essas três passagens a três outras de igual impacto. A primeira é do linguista francês Émile Benveniste:

> O princípio da "estrutura" como objeto de estudo foi afirmado, um pouco antes de 1930, por um pequeno grupo de linguistas que se propunham reagir assim contra a concepção exclusivamente histórica da língua, contra uma linguística que dissociava a língua em elementos isolados e se ocupava em seguir-lhes as transformações. Todos concordam em que esse movimento tem a sua origem no ensinamento de Ferdinand de Saussure em Genebra, tal como foi recolhido pelos seus alunos e publicado sob o título de *Cours de linguistique générale*. Chamou-se a Saussure, com razão, o precursor do estruturalismo moderno. Ele o é, seguramente, exceto num ponto. É importante notar, para uma descrição exata desse movimento de ideias que não se deve simplificar, que Saussure jamais empregou, em qualquer sentido, a palavra *estrutura*. Aos seus olhos a noção essencial é a de *sistema*. A novidade da sua doutrina está aí, nessa ideia — rica de implicações e que se levou muito tempo para discernir e desenvolver — de que a língua forma um sistema (Benveniste, 1988: 98).

Benveniste é muito perspicaz. Devemos acompanhar seu raciocínio em detalhe: Saussure pode ser considerado o "precursor" do estruturalismo, mas "não se deve simplificar" as coisas, uma vez que a "novidade" da teoria de Saussure não é a *estrutura*, e sim "o sistema".

A segunda passagem vem do também francês J.-C. Milner: "o estruturalismo não estava errado em acreditar que veio do *Curso*, mas ele não está no *Curso*" (Milner 2002: 19).

A terceira vem de Simon Bouquet:

> O primeiro mal-entendido é aquele que se enuncia sob a forma desta proposição: o *estruturalismo em linguística é o estrito desenvolvimento da epistemologia programática saussuriana*. Na verdade, não é nada disso (Bouquet, 2000: 16).

Para além dessa polarização que simulamos aqui entre "ser ou não ser estruturalista", há a avalanche de críticas que Saussure, e em especial o CLG, recebeu no século XX. Uma das mais contundentes e notáveis é a do filósofo Jacques Derrida, que insiste que a cientificidade da linguística é reconhecida, em grande parte, devido ao primado do fonocentrismo oriundo de Saussure.

Não é preciso ir mais a fundo nessa discussão para perceber que o conjunto dessas passagens é suficiente para instaurar uma polêmica que poderia receber uma formulação em termos de pergunta: Saussure é mesmo estruturalista? A resposta admite diferentes enfoques (histórico, epistemológico etc.).

O fato é que recentes publicações de e sobre Ferdinand de Saussure – os manuscritos saussurianos, tornados públicos nos últimos anos, a verticalidade da pesquisa filológica em torno de Saussure, as releituras do *Curso de linguística geral* – instauraram um ambiente favorável ao retorno dessa indagação[3]. Há bastante tempo, a fortuna crítica sobre Saussure argumenta contra a ideia hegemônica de que Saussure teria sido o fundador da dita linguística estrutural e, até mesmo, do estruturalismo em geral[4].

No contexto francês, essa problemática já foi rediscutida com profundidade e em diferentes perspectivas[5]; no Brasil, porém, ainda percebemos um debate incipiente. Exemplo disso é a bibliografia brasileira ligada à divulgação didática (manuais de linguística, introduções etc.), na qual ainda persiste a atribuição da pecha estruturalista a Saussure[6]: os argumentos são muitos e de diferentes naturezas. De um lado, a tradição: a leitura feita do CLG fundou a linguística e isso não pode ser mudado. De outro lado, o desconhecimento: nos cursos de formação dos novos linguistas pouco se fala nas releituras da obra saussuriana.

Evidentemente, não desconhecemos que o estruturalismo é um movimento intelectual que se configurou de maneira matizada e que é recorrente fazer constar o nome de Saussure na condição de seu criador (a exemplo do que admite Benveniste anteriormente). Assim, Saussure seria o autor, se não do uso corrente da palavra *estrutura*[7], ao menos da formulação das bases da ideia de *estrutura*, que sustentaria o estruturalismo durante parte do século XX. A respeito disso, François Dosse explica que

> o estruturalismo nasce nos psicólogos para opor-se à psicologia funcional no começo do século, mas o verdadeiro ponto de partida do método em sua acepção moderna, na escala de todas as ciências humanas, provém da evolução da linguística. Se Saussure emprega apenas três vezes o termo "estrutura" no *Curso de linguística geral*, é sobretudo a Escola de Praga (Troubetzkoy e Jakobson) que vai difundir o uso dos termos estrutura e estruturalismo (Dosse, 1993: 15).

Ora, o estruturalismo não é um movimento homogêneo; há vários estruturalismos. E. P. Coelho (1967: VI-VII) já explicava isso no final dos anos 1960, na apresentação que faz a uma antologia que reúne textos de Michel Foucault (1926-1984), Roland Barthes (1915-1980), Lévi-Strauss (1908-2009), Jacques Lacan (1901-1981), entre outros: "não existe um 'estruturalismo' ideal, porque o 'estruturalismo', se na verdade existe, apenas está nas suas manifestações". Dito de outro modo, se é verdade que Saussure estaria na base dos estruturalismos, é importante que se diga que ele não comparece sempre da mesma maneira em cada um. Ou seja, há distintos Saussure em distintos estruturalismos. Mais uma vez é François Dosse quem esclarece:

> Se o estruturalismo engloba um fenômeno muito diversificado, mais do que um método e menos que uma filosofia, ele encontra seu cerne, sua base unificadora no modelo da linguística moderna e na figura daquele que é apresentado como seu iniciador: Ferdinand de Saussure (Dosse, 1993: 65).

Nesse sentido, insistimos: o que é esperado das possíveis respostas à indagação "Saussure é estruturalista?". O que uma resposta positiva ou uma resposta negativa alteraria na ordem dos conhecimentos (especialmente dos linguísticos)?

O entendimento do que implica optar, ou não, por um enquadramento estruturalista de Saussure, exige que se retome, ao menos em linhas gerais, os argumentos que levam à consideração de um Saussure fundador do estruturalismo. Na verdade, há um grande argumento (cf. Dosse, 1993: 65-66): "Saussure oferece uma interpretação da língua que a coloca resolutamente do lado da abstração para melhor a separar do empirismo e das considerações psicologizantes". Nesse sentido, a linguística, que teria por objeto essa língua, atinge um alto grau de formalização, o que conduz todas as demais disciplinas a assimilar o programa e o método linguístico.

Nessa direção, Saussure seria estruturalista – e estaria na base do estruturalismo – devido à sua visão sistêmica de língua, que serviu de modelo teórico-metodológico a várias ciências humanas e sociais. A propalada "ciência piloto" do século XX deve sua glória à ideia, iminentemente de Saussure, de que, sendo a língua um sistema de signos, caberia à linguística estudar as relações que integram esse sistema, logo, a sua estrutura. Os leitores de Saussure – muito especialmente do *Curso de linguística geral* – viram na noção de sistema o germe da de estrutura, talvez até mesmo um sinônimo.

Ora, nada há que se possa fazer contra essa interpretação. Sem dúvida, ela é uma interpretação possível, legítima, de entendimento da história das ideias no século XX. A formulação de Benveniste que citamos anteriormente bem explicita isso. No entanto, ainda assim cabe recolocar a discussão em outros termos: o que autorizaria voltar a Saussure hoje de maneira a perceber em seu pensamento algo ainda não obviamente visto?

Há muitos motivos para voltarmos a Saussure na atualidade a partir de outras bases e com outros interesses. Não é mais possível desconhecer o grande trabalho de "retomada" do pensamento de Saussure feito pela especializada filologia saussuriana. Muito já foi revisto a partir de um conjunto enorme de fontes manuscritas. Isso deveria ser o suficiente para que se coloque em xeque qualquer visão apriorística de Saussure.

No entanto, ainda hoje encontramos – principalmente em aulas de cursos de letras e linguística, o que não deixa de causar espécie, sem dúvida – quem defenda um Saussure estruturalista, sem maiores problematizações.

Para encaminhar essa questão, talvez seja importante operar com duas perspectivas distintas: de um lado, delimitamos o que se poderia chamar de "ideias de Saussure"; de outro lado, "ideias derivadas de Saussure".

Com certeza, quando se quer trabalhar com as "ideias de Saussure", é fundamental recorrer ao que há de mais contemporâneo nos estudos saussurianos. Nesse sentido, devem ser tomadas articuladamente, diversas fontes, que incluem desde manuscritos até obras publicadas por Saussure, entre muitas outras. Além disso, não é mais cabível que se ignore a grande massa de pesquisas em torno dessas fontes.

Desse ponto de vista, é muito difícil sustentar a existência de um Saussure estruturalista. E isso nem mesmo se tomássemos apenas o *Curso de linguística geral* como referência. Em testemunho disso, basta listar como exemplo algumas das análises linguísticas presentes no CLG. Em nenhuma delas podemos detectar um enraizamento estruturalista. Saussure, no CLG, elabora descrições e explicações de fenômenos linguísticos que não podem ser assimiladas ao que se configurou posteriormente na metodologia estruturalista. As análises feitas por Saussure não são, nem de longe, semelhantes às análises feitas pelos estruturalistas.

Além disso, há um grande motivo que justifica o afastamento das "ideias de Saussure" do paradigma estruturalista: sua teoria é uma teoria da significação, do sentido, conforme explicamos no capítulo anterior. Saussure elaborou uma teoria semântica da língua sem que esta possa ser reduzida a *uma semântica* no sentido *stricto*, o que coloca a questão do sentido na língua em bases distintas do que faria uma visada disciplinar.

Quem explica agora é Claudine Normand, uma das principais intérpretes do mestre. A autora é clara em defender que "o cerne da teoria saussuriana" é "a língua como ligação de forma e de sentido a ser captada em diferenças", o que permitiu,

148   A linguística geral de Ferdinand de Saussure

segundo ela, "sair de uma interpretação estruturalista de Saussure para ver no CLG uma teoria linguística da significação" (Normand 2009a: 101). Finalmente, explica ela (Normand 2009b: 96-97):

> Isto significa que a linguística interna, sincrônica, tal como organizada pelos seus princípios, é apenas uma "gramática"? O que se fará do léxico, tradicionalmente considerado como o que carrega a significação? Estará a semântica inteiramente ausente dessas novas proposições? Foi o que se acreditou e disse muitas vezes, em particular nos anos estruturalistas, o que permitiu fundir o CLG no mesmo programa da gramática distribucional americana, para a qual não levar em conta a significação, conforme a referência behaviorista, era um princípio metodológico de base; o sentido era colocado do lado do subjetivo e, como tal, inobservável, não analisável, portanto. Mas associar Saussure a esse método de análise era fazer um amálgama em que a originalidade de sua teoria desaparecia e em particular sua concepção de gramática.

A citação é longa, mas é de tal maneira elucidativa que sua necessidade é aqui incontestável!

Seguindo a orientação de Normand, então, caberia indagar: o que é essa *gramática* – que leva em conta a significação e que não separa léxico e gramática – para Saussure? A esse respeito e a título de exemplo, observe o percurso analítico a seguir, todo ele retirado do CLG, em especial do capítulo VII da "Segunda parte" do CLG, "A gramática e suas subdivisões".

Como se sabe, esse capítulo do CLG é divido em dois parágrafos: o primeiro, intitulado "Definições: divisões tradicionais"; o segundo, "Divisões racionais".

No primeiro parágrafo, o CLG apresenta, de imediato, uma oposição: "nossa definição de gramática não concorda com aquela, mais restrita, que dela se dá geralmente" (CLG, p. 156). E o que é essa visão mais *restrita*? "É, com efeito, à *morfologia* e à *sintaxe* reunidas que se convencionou chamar de Gramática, ao passo que a *lexicologia* ou ciência das palavras foi dela excluída" (CLG, p. 156).

Saussure discorda dessa separação por dois motivos. Primeiro porque, em sua opinião, a morfologia como estudo das formas e das categorias (classes, conjugação, declinação, etc.) e a sintaxe como estudo das funções não são passíveis de separação. Quer dizer, "formas e funções são solidárias, e é difícil, para não dizer impossível, separá-las" (CLG, p. 157). Segundo porque as relações entre as unidades podem se dar tanto por meios lexicais como por meios gramaticais. Por exemplo: "em russo, a distinção do perfectivo e do imperfectivo se faz gramaticalmente em *sprosit': sprášivat,* 'pedir', e lexicologicamente em *skazát: govorit'*, 'dizer'" (CLG, p. 157). Em resumo: "a interpretação da morfologia, da sintaxe e da lexicologia se explica pela natureza, no fundo idêntica, de todos os fatos de sincronia. Não pode haver entre eles nenhum limite de antemão" (CLG, p. 158).

Assim, as "divisões tradicionais" da gramática devem ser abandonadas e substituídas pelas "divisões racionais": "as divisões tradicionais da Gramática podem ter sua utilidade prática, mas não correspondem a distinções naturais e não estão unidas por nenhum vínculo lógico. A Gramática só se pode edificar sobre um princípio diferente e superior" (CLG, p. 158).

E qual é esse "princípio diferente e superior"?

No segundo parágrafo, encontramos a resposta. Trata-se do seguinte: "tudo o que compõe um estado de língua pode ser reduzido a uma teoria dos sintagmas e a uma teoria das associações" (CLG, p. 158). Saussure esboça aqui uma "nova gramática", em que tem lugar "um objeto complexo e sistemático, que põe em jogo valores coexistentes" (CLG, p. 156). Todos os fenômenos linguísticos deveriam, então, ser abordados desse "duplo ponto de vista" (CLG, p. 158). E exemplifica:

> a noção de palavra coloca dois problemas distintos, segundo a consideremos associativamente ou sintagmaticamente; o adjetivo fr. *grand* oferece, no sintagma, uma dualidade de formas (*grã garsõ, "grand garçon"*, e *grãt ãfã, "grand enfant"*), e associativamente outra dualidade (masc. *grã., "grand",* fem. *grãd*, "grande" (CLG, p. 158-159).

Bem entendido, a gramática saussuriana supõe a coordenação desses "dois eixos naturais", e cada fato linguístico deveria ser abordado nessa coordenação. Essa coordenação tem valor, é um valor, logo é significativa.

Isso é muito diferente do que o estruturalismo entendeu ao propor uma análise dos fatos linguísticos, por exemplo, em termos de paradigma e sintagma. Em primeiro lugar, não é demais lembrar que Saussure não fala jamais em paradigma/ sintagma, mas em "relações sintagmáticas/relações associativas" (CLG, p. 142), em "eixo das simultaneidades/ eixo das sucessões" (CLG, p. 95), em "ordem sintagmática/ ordem associativa" (CLG, p. 153 e 159), em "oposição sintagmática/ oposição associativa" (CLG, p. 152), o que, convenhamos, já sinaliza uma diferença importante. Em segundo lugar, as gramáticas ditas estruturais privilegiam as descrições paradigmáticas ou sintagmáticas sem necessariamente se comprometerem com o valor resultante da articulação entre ambos, o que seria mais próprio da

150 A linguística geral de Ferdinand de Saussure

análise saussuriana, preocupada que é com o *valor* que os elementos adquirem no sistema do qual fazem parte.

Assim, por exemplo, poderíamos falar em linguística estrutural em termos de oposição binária. É o que faz Dubois et al. (1998):

> a linguística estrutural se define pela pesquisa das diferenças que levam ao binarismo; as oposições podem ser de ordem sintagmática (oposição de uma unidade com as que a precedem ou com as que a seguem) ou de ordem paradigmática (oposição com todas as unidades que poderiam figurar no mesmo ponto da cadeia onde se encontra a unidade estudada) (Dubois 1998: 250).

Em Saussure não é assim. No CLG, é exposta, na verdade, uma *Teoria do Valor Linguístico* que se articula como o programa de uma teoria do sentido cuja base se dá a partir da noção de *relação*. O estudo dos fatos linguísticos não se dá em oposições binárias dadas de antemão; trata-se, antes, de um grande *mecanismo da língua* que impede uma linguística de fenômenos isolados, uma vez que *supõe que todos os fenômenos são relação entre relações*[8]. A *Teoria do Valor* produz, como consequência, que, em linguística, sempre se parte do conjunto para definir a unidade; jamais o contrário. Nesse caso, o conceito de *valor* sustentaria todos os conceitos da teoria saussuriana e todas as análises que poderiam ser feitas em seu interior.

A discussão do conceito de *valor* parece constituir, enfim, uma espécie de síntese para todas as questões levantadas ao longo das reflexões registradas no CLG, isso porque a noção de *valor* congrega faces diferentes, como o sintagmático e o associativo, o significante e o significado, em um todo, cuja distintividade (e identidade) se estabelece através da oposição. Seria excessivo dizer que foi por isso que os pós-saussurianos leram na noção de valor o embrião da ideia de estrutura? Não. Mas as "ideias de Saussure" estão muito distantes do estruturalismo, o qual, no máximo, pode ser pensado como uma "ideia derivada de Saussure".

Isso posto, vale voltar às questões que nos movem neste apêndice: Saussure ser ou não ser estruturalista.

A questão possivelmente não se resolve em termos de sim ou não. Talvez tenhamos de lapidar uma resposta que oscila entre as ideias efetivamente atribuíveis a Saussure e as ideias derivadas de Saussure. O estruturalismo poderia ser lido nas linhas do *Curso de linguística geral?* Sem dúvida que sim (Benveniste, mais uma vez, é aqui nossa fonte). Isso, porém, é diferente de imputar a Saussure o rótulo estruturalista.

Na verdade, acreditamos que Saussure pode continuar a figurar entre os fundadores do pensamento estruturalista sem ter seu pensamento reduzido ao estruturalismo. Para tanto, basta que se reconheça que a ideia estruturalista deriva de uma leitura do CLG, e a responsabilidade da leitura é dos leitores!

Saussure foi a fonte de inspiração para boa parte do que se produziu nas ciências da linguagem no século XX (Escola de Praga, glossemática, semiótica narrativa etc.) e em outras áreas (a psicanálise de Jacques Lacan, a antropologia de Lévi-Strauss, a semiologia de Roland Barthes etc.). O estruturalismo encontrou abrigo numa análise que conjuga o princípio segundo o qual "os valores [...] são puramente diferenciais, definidos não positivamente por seu conteúdo, mas negativamente por suas relações com os outros termos do sistema. Sua característica mais exata é ser o que os outros não são" (CLG, p. 136). No entanto, a *Teoria do Valor* presente em Saussure é outra coisa do que o estruturalismo fez com ela. Émile Benveniste, por exemplo, reconhece isso ao alertar que não se deve confundir *sistema* com *estrutura*.

Enfim, para concluir talvez seja bom lembrar uma nota manuscrita de Saussure em que ele diz: "nós estamos [...] profundamente convencidos de que qualquer um que ponha o pé no terreno da *língua* está, pode-se dizer, abandonado por todas as analogias do céu e da *terra*" (ELG: 189, destaques do autor). Ora, não seria demasiado imputar a um pensador que tinha tantas reticências com o seu próprio *fazer* a fundação deliberada de uma doutrina como a estruturalista?

É tempo de reler Saussure, sem dúvida.

Notas

[1] Este "Apêndice" aprofunda questões apresentadas em Flores (2016).

[2] Citamos aqui a tradução brasileira (cf. "Referências").

[3] Para uma análise brilhante do ponto de vista do "enigma dos signos" *que se transformam à medida que os utilizamos*, é fundamental a leitura de Maniglier (2006).

[4] Para uma análise histórica do movimento estruturalista, ver Dosse (1993, 1994).

[5] Para uma análise do estruturalismo em geral, ver Pavel (1990). Para uma análise do pensamento de Saussure tal como ele comparece em autores como André Martinet, Louis Hjelmslev, Émile Benveniste e Roman Jakobson, ver Toutain (2012).

[6] A esse respeito, o leitor muito se beneficiará da análise feita por Eliane Silveira, em relação especificamente ao CLG, no texto "Saussure à brasileira: estatuto epistemológico do Curso de Linguística Geral nos manuais publicados entre 1930 e 1980" (cf. "Referências").

[7] Saussure não fez uso corrente da palavra *estrutura*, e o *Curso* parece ser fiel a isso: o termo verdadeiramente saussuriano é, sem dúvida, *sistema*.

[8] Essa afirmação se encontra na página 275 da edição crítica de Rudolf Engler, nas anotações de F. Bouchardy e de E. Constantin.

Referências

AMACKER, R. *Linguistique saussurienne*. Genebra: Droz, 1975.
_____. "Avant-propos". In: SAUSSURE, F. de. *Science du langage. De la bouble essence du langage*. Edição crítica, parcial, razoada e aumentada dos Escritos de linguística geral estabelecida por René Amaccker. Genebra: Droz, 2011.
ARRIVÉ, M. *Linguagem e psicanálise, linguística e inconsciente. Freud, Saussure, Pichon, Lacan*. Trad. Lucy Magalhães. Rio de Janeiro : Jorge Zahar Ed., 1999.
_____. "Le 'T'emps dans la réflexion de Saussure". In: _____. *À la recherche de Ferdinand de Saussure*. Paris: PUF, 2007.
AUROUX, S. "Les antinomies linguistiques". In: AUROUX, S. (org.). *Histoire des idées linguistiques* – Tome 3: L'hégémonie du comparatisme. Liège: Pierre Mardaga, 2000, p. 409-440.
BALLY, C.; SECHEHAYE, A. "Prefácio à primeira edição". In: SAUSSURE, F. *Curso de linguística geral*. Trad. Antônio Chelini, José Paulo Paes e Izidoro Blikstein. São Paulo: Cultrix, 1975, p. 1-4.
BARBISAN, L. Bo. "A construção de uma semântica linguística". In: Carlos Alberto Faraco. (org.). *O efeito Saussure*: cem anos do Curso de Linguística Geral. São Paulo: Parábola Editorial, 2016, p. 155-165.
BÉGUELIN, M-J. "La méthode comparative et l'enseignement du Mémoire". *Cahiers de L'Herne* – Ferdinand de Saussure. Paris : Éditions de L'Herne, n. 76, 2003, p. 150-164.
BENVENISTE, E. "Lettres de Ferdinand de Saussure à Antoine Meillet". *Cahiers Ferdinand de Saussure*. Librairie E. Droz, n. 21, 1964, p. 91-125.
_____. "Ferdinand de Saussure à l'École des Hautes Études". *École pratique des hautes études. 4e section, Sciences historiques et philologiques. Annuaire*. 1964-1965. p. 20-34.
_____. *Problemas de linguística geral I*. Trad. Maria da Glória Novak e Maria Luiza Neri. Campinas: Pontes, 1988.
_____. *Problemas de linguística geral II*. Trad. Eduardo Guimarães et al. Campinas: Pontes, 1989.
BOTA, C. "La question de l'ordre dans les cours et les écrits saussuriens de linguistique générale. Essai de refonte géometrique". *Cahiers Ferdinand de Saussure*. Librairie E. Droz, n. 55, 2002, p. 137-167.
BOUISSAC, P. *Saussure. Um guia para os perplexos*. Trad. Renata Gaspar Nascimento. Petrópolis, RJ: Vozes, 2012.
BOUQUET, S. "Benveniste et la répresentation du sens: de l'arbitraire du signe à l'objet extra-linguistique". *LINX*. Número especial, 1997, p. 107-122.
_____. "Les deux paradigmes éditoriaux de la linguistique générale de Ferdinand de Saussure". *Cahiers Ferdinand de Saussure*. Librairie E. Droz, n. 51, 1998, p. 187-202.
_____. *Introdução à leitura de Saussure*. Trad. Carlos A. L. Salum e Ana Lúcia Franco. São Paulo: Cultrix, 2000.
_____. "De um pseudosaussure aos textos saussurianos originais". *Letras & Letras*. Uberlândia: Editora da UFU, v. 25, 2009, p. 161-175.
BOUQUET, S.; ENGLER, R. "Prefácio dos editores". In: SAUSSURE, F. de. *Escritos de linguística geral*. Organizados e editados por Simon Bouquet e Rudolf Engler com a colaboração de Antoinette Weil. Trad. Carlos Augusto Leuba Salum e Ana Lúcia Franco. São Paulo: Cultrix, 2004, p. 11-17.
BUSS, M.; LORELLA, G.; JÄGER, L. "Bibliographie". *Cahiers de L'Herne* – Ferdinand de Saussure. Paris : Éditions de L'Herne, n. 76, 2003, p. 505-512.
CAGLIARI, L. C. *A palatalização em português*: uma investigação palatográfica. Campinas, 1974. Dissertação de Mestrado. UNICAMP.
CALVET, L.-J. *Pour et contre Saussure*: Vers une linguistique sociale. Paris: Payot, 1975.
_____. *Saussure*: pró e contra. Por uma linguística social. Trad. Maria Elizabeth Leuba Salum. São Paulo: Editora Cultrix, 1977.
CAMARA JR., J.M. *História da linguística*. Edição revista e comentada por Valdir do Nascimento Flores e Gabriel de Ávila Othero. Petrópolis: Vozes, 2021.

154 A linguística geral de Ferdinand de Saussure

CASTRO, M. F. P. "Sobre a analogia na reflexão saussuriana". *DELTA*, v. 34, 2018, p. 815-834.
COELHO, E. P. "Introdução a um pensamento cruel: estruturas, estruturalidade e estruturalismos". In: COELHO, E. P. (org.). *Estruturalismo:* antologia de textos teóricos. São Paulo: Martins Fontes, 1967.
COLOMBAT, B.; FOURNIER, J.-M.; PUECH, C. *Histoire des idées sur le langage et les langues.* Paris: Klincksieck, 2010.
CONSTANTIN, E. "Linguistique générale. Cours de Monsieur le professeur Ferdinand de Saussure 1910-1911". *Cahiers Ferdinand de Saussure.* Librairie E. Droz, n. 58, 2008, p. 83-297.
CULLER, J. *As ideias de Saussure.* Trad. Carlos Alberto da Fonseca. São Paulo: Cultrix, 1979.
D'OTTAVI, G. "Saussure e a Índia: a teoria do apoha e as entidades negativas da linguagem". In: BRONCKART, J.-P., BULEA, E.; BOTA, C. (orgs.). *O projeto de Ferdinand de Saussure.* Trad. Marcos Bagno. Fortaleza: Parole, 2014, p. 205-231.
DE MAURO, T. "Notes biographiques et critiques sur F. de Saussure". In: SAUSSURE, F. *Cours de linguistique générale.* Éditions critique préparée par Tullio De Mauro. Trad. Louis-Jean Clavet. Paris: Payot, 1976, p. 319-404.
DE PALO, M. "Saussure et les sémantiques post-saussuriennes". In: DE SAUSSURE, L. (org.). *Nouveaux regards sur Saussure.* Genebra: Librairie Droz, 2006, p. 125-149.
DEPECKER, L. *Comprendre Saussure d'après les manuscrits.* Paris: Armand Colin, 2009.
_____. *Compreender Saussure a partir dos manuscritos.* Trad. Maria Ferreira. Petrópolis: Vozes, 2012.
DERRIDA, J; ROUDINESCO, E. *De que amanhã:* diálogo. Trad. André Telles. Rio de Janeiro: Jorge Zahar Ed, 2004.
DOSSE, F. *História do estruturalismo:* O campo do signo, 1945/1966. Trad. Álvaro Cabral. São Paulo: Editora Ensaio, Editora da UNICAMP, 1993.
_____. *História do estruturalismo:* O canto do cisne, de 1967 a nossos dias. Trad. Álvaro Cabral. São Paulo: Editora Ensaio, Editora da UNICAMP, 1994.
DUBOIS, J. et al. *Dicionário de linguística.* Trad. Izidoro Blikstein et al. São Paulo: Cultrix, 1998.
DUFOUR, D-R. *A arte de reduzir as cabeças:* sobre a nova servidão na sociedade ultraliberal. Trad. Sandra Regina Felgueiras. Rio de Janeiro: Companhia de Freud, 2005.
ECO, U. *Conceito de texto.* Trad. Carla de Queiroz. São Paulo: EDUSP, 1984.
ENGLER, R. "Théorie et critique d'un principe saussurien: l'arbitraire du signe". *Cahiers Ferdinand de Saussure.* Librairie E. Droz, n. 19, 1962, p. 5-66.
_____. "Role et place d'une sémantique dans une linguistique saussurienne". *Cahiers Ferdinand de Saussure.* Librairie E. Droz, n. 28, 1973, p. 35-52.
FEHR, J. "Bœuf, Lac, Ciel – Concierge, Chemise, Lit". *LINX.* Número especial, 1995, p. 431-438.
_____. "Saussure: cours, publications, manuscrits, lettres et documents. Les contours de l'oeuvre posthume et ses rapports avec l'oeuvre publiée". *Histoire Épistémologie Langage.* Revue de la societé d'Histoire et d'Épistémologie des Sciences du Langage, n. 18, 1996, p. 179- 199.
_____. *Saussure entre linguistique et sémiologie.* Trad. Pierre Caussat. Paris: Presses Universitaires de France, 2000.
FIGUEIRA, R. A. "Em torno da analogia: a contribuição de Saussure para a análise da fala da criança". *Prolíngua,* v. 10, 2015, p. 174-189.
FLORES, V. do N. "Saussure é mesmo estruturalista? Atualidades do pensamento de Ferdinand de Saussure". In: BURITI Jr., A.; XHAFAJ, D. C. P.; OLIVEIRA, L. C.; GUIMARÃES, N. S.; PEDRALLI, R. (orgs.). *Estruturalismos, pós-estruturalismos e outras discussões.* Curitiba: Editora CRV, 2016, p. 21-28.
_____. *Saussure e Benveniste no Brasil. Quatro aulas na École Normale Supérieure.* São Paulo: Parábola Editorial, 2017.
_____. *Problemas gerais de linguística.* Petrópolis: Vozes, 2019a.
_____. "Comentários sobre as traduções da *Nota sobre o discurso* de Ferdinand as Saussure no Brasil: elementos para leitura da 'Nota'". *Leitura.* n. 62, 2019b, p. 173-190.
GADET, F. *Saussure. Une Science de la langue.* Paris: Press Universitaires de France, 1987.
GADET, F.; PÊCHEUX, M. *La langue introuvable.* Paris: Maspéro, 1981.
GADET, F.; PÊCHEUX, M. *A língua inatingível:* o discurso na história da linguística. Trad. Bethania Mariani e Maria Elizabeth Chaves de Mello. Campinas: Pontes, 2004.
GANDON, F. *La morale du linguiste*: Saussure entre affaire Dreyfus et massacres des Arméniens (1894-1898). Limoges: Lambert-Lucas, 2011.
GODEL, R. "Nouveaux documents saussuriens. Les cahiers E. Constantin". *Cahiers Ferdinand de Saussure.* Librairie E. Droz, n. 16, 1958-1959, p. 23-32.

_____. "Inventaire de Manuscrits de F. de Saussure remis à la Bibliothèque Publique et Universitaire de Genève". *Cahiers Ferdinand de Saussure*. Librairie E. Droz, n. 17, 1960, p. 5-11.

_____. *Les sources manuscrites du Cours de Linguistique Générale de F. de Saussure*. Genebra: Librairie Droz, 1969.

_____. "Problèmes de linguistique saussurienne". *Cahiers Ferdinand de Saussure*. n. 29, 1974-1975, p. 74-89.

HENRIQUES, S. M. "O estudo saussuriano sobre as lendas germânicas". *DELTA*, v. 34, 2018, p. 997-1017.

HOUAISS. *Dicionário eletrônico Houaiss da língua portuguesa*. Rio de Janeiro: Objetiva, 2009.

HJELMSLEV, L. *Ensaios linguísticos*. Trad. Antônio de Pádua Danesi. São Paulo: Perspectiva, 1991.

JOSEPH, J. *Saussure*. Oxford: University Press, 2012a.

_____. "Les 'Souvenirs' de Saussure revisités". *Langages*, v. 185, 2012b, p. 125-139.

KAUFFMAN. P. "Culture & Civilisation". In: *Dictionnaire de la Philosofie*. Paris: Encyclopaedia Universalis – Albin Michael, 2000, p. 328-350.

KIM, S. "La mythologie saussurienne: une ouverture sémiologique". *Linx*, Paris, v. 7, 1995, p. 293-300.

KOERNER, K. "Meillet, Saussure et la linguistique générale". *Histoire Épistémologie Langage*. Revue de la societé d'Histoire et d'Épistémologie des Sciences du Langage, n.10, 1988, p. 57-73.

KYHENG, R. "Principes méthodologiques de constitution et d'exploitation du corpus saussurien". *Texto!*, n. 2, 2007.

LALANDE, a. *Vocabulário técnico e crítico da filosofia*. Trad. Fátima Sá Correa et al. São Paulo: Martins Fontes, 1996.

LOPES, E. *A identidade e a diferença*. São Paulo: EDUSP, 1997.

_____. *Fundamentos da linguística contemporânea*. São Paulo: Cultrix, 1980.

MANIGLIER, P. *La Vie énigmatique des signes, Saussure et la naissance du structuralisme*. Paris: Éditions Léo Scheer, 2006.

MARQUES, A. C. M. *O enigma saussuriano do ponto de vista-objeto*. Uberlândia, 2021. Tese de Doutorado em Estudos Linguísticos, UFU.

MATSUZAWA, K. "Puissance de l'écriture fragmentaire et 'cercle vicieux'. Les manuscrits de *De l'essence du langage* de Ferdinand de Saussure". *Genesis*, n. 35, 2012, p. 41-57.

MÉDINA, J. "Les difficultés théoriques de la constitution d'une linguistique générale comme science autonome". *Langages*, n°49, 1978, p. 5-23.

MILNER, J.-C. "Réflexions sur l'arbitraire du signe". *Ornicar.* v. 5, 1975, p. 73-85.

_____. *L'amour de la langue*. Paris: Seuil, 1978.

_____. *A obra clara. Lacan, a ciência, a filosofia*. Trad. Procópio Abreu. Rio de Janeiro: Jorge Zahar Ed, 1996.

_____. *Le périple structural:* figures et paradigme. Paris: Verdier, 2002.

NÓBREGA, M. *O ponto de vista do sistema:* possibilidade de leitura da linguística geral de Ferdinand de Saussure. João Pessoa: Editora UFPB, 2013.

NORMAND, C. L. "L'arbitraire du signe comme phénomène de déplacement". *Dialectique*, v. 1, 1973, p. 109-126.

_____. *Métaphore et concept*. Complexe: Bruxelles, 1976.

_____. *Avant Saussure*: Choix de textes (1875-1924). Bruxelas: Éditions Complexe, 1978.

_____. "Le CLG: une théorie de la signification?". In: NORMAND, C. (org.). *La quadrature du sens.* Paris: PUF, 1990.

_____. "La question d'une science générale". In: AUROUX, S. (org.). *Histoire des idées linguistiques* – Tome 3: L'hégémonie du comparatisme. Liège: Pierre Mardaga, 2000a, p. 441-448.

_____. "Les thèmes de la linguistique générale". In: AUROUX, S. (org.). *Histoire des idées linguistiques* – Tome 3: L'hégémonie du comparatisme. Liège: Pierre Mardaga, 2000b, p. 449-462.

_____. "La généralité des príncipes". In: AUROUX, S. (org.). *Histoire des idées linguistiques* – Tome 3: L'hégémonie du comparatisme. Liège: Pierre Mardaga, 2000c , p. 463-471.

_____. *Allegro ma non tropo. Invitation à la linguistique.* Paris: OPHRYS, 2006.

_____. *Convite à linguística*. Trad. Cristina de campos Velho Birck *et al.* São Paulo: Editora contexto, 2009a.

_____. *Saussure*. Trad. Ana de Alencar e Marcelo Diniz. São Paulo: Estação Liberdade, 2009b.

_____. "Saussure: uma epistemologia da Linguística". In: SILVEIRA, E. M. (org.). *As bordas da linguagem*. Uberlândia: EDUFU, 2011 p. 11-30.

PARRET, H. *Le son et l'oreille*: six essais sur les manuscrits saussuriens de Harvard. Limoges: Lambert-Lucas, 2014.

PAVEL, T. *A miragem linguística*: ensaio sobre a modernização intelectual. Trad. Eni Pulcinelli Orlandi, Pedro de Souza e Selene Guimarães. Campinas, SP: Pontes, 1990.

PINHEIRO, C. L. "Os manuscritos de Saussure sobre as lendas germânicas: pontos de vistas e questões". *Eutomia*, v. 17, 2016, p. 55-66.

QUIJANO, C, M. *Le cours d'une vie. Portrait dischronique de Ferdinand de Saussure*. Nantes: Éditions Cécile Defaut, 2008.

RASTIER, F. "De l'essence double du langage, un projet révélateur". In: RASTIER, F. (org.). *De l'essence double du langage et le renouveau du saussurisme*. Limoges: Lambert-Lucas, 2016.

REVUE RECHERCHES – SEMIOTEXTE. *Les deux Saussure*. França: Éditions Recherche, n. 16, 1974.

RIBEIRO, T. M. "A metáfora do jogo de xadrez na linguística saussuriana". *Estudos Linguísticos*, v. 45 (3), 2016, p. 1072-1081.

ROSÁRIO, H. M. *Um périplo benvenistiano*: o semiólogo e a semiologia da língua. Porto Alegre, 2018. Tese (Doutorado em Letras) – Programa de Pós-graduação em Letras, Universidade Federal do Rio Grande do Sul.

SALUM, I. N. "Prefácio à edição brasileira". In: SAUSSURE, F. *Curso de Linguística Geral*. Trad. Antônio Chelini, José Paulo Paes e Izidoro Blikstein. São Paulo: Cultrix, 1975.

SCHERER, A. E.; COSTA, M. I. S. "A problemática acerca da edição das notas saussurianas: um livro sem fim nem começo ou um livro de areia à la Borges?". *Leitura*, v. 1, n. 62, 2019, p. 191-214.

SILVA e LIMA, T. R. *Um estudo do movimento teórico de Ferdinand de Saussure no manuscrito Phonétique*. 2019. Tese (Doutorado em Estudos Linguísticos) - Universidade Federal de Uberlândia.

SILVA, C. L. da C. "Os efeitos das analogias saussurianas na reflexão sobre aquisição da linguagem". *Nonada*: Letras em revista, v. 1, 2013, p. 76-85.

SILVA, G. A. F. "Metáforas, analogias e comparações no pensamento atormentado de Ferdinand de Saussure". *Cadernos de Estudos Linguísticos*. v. 60, n. 3, 2018, p. 709-722.

SILVEIRA, E. *A aventura de Saussure*. Campinas, SP: Editora da Abralin, 2022.

SILVEIRA, E. *As marcas do movimento de Saussure na fundação da linguística*. São Paulo: Mercado de Letras, 2007.

SILVEIRA, E.; SÁ, I.; FERNANDES, C. A. "Problemas da autoria em Ferdinand de Saussure: do percurso intelectual à constituição da obra". *Leitura*, v. 1, n. 62, 2019, p. 235-254.

SOUZA, M. O.; SILVEIRA, E. "As cartas de Saussure: um lugar singular em sua produção". *Estudos linguísticos*. v. 49, 2020, p. 1727-1742.

SOUZA, M. de O. *Os anagramas de Saussure:* entre a poesia e a teoria. Uberlândia: EDUFU, 2018.

STAROBINSKI, J. *As Palavras Sob as Palavras: os anagramas de Ferdinand de Saussure*. Trad. Carlos Vogt. São Paulo: Perspectiva, 1974.

SUENAGA, A. "Benveniste et Saussure: L'instance de discours et la théorie du signe". *LINX*. Número especial, 1997, p. 123-128.

_____. *Saussure, un système de paradoxes. Langue, parole, arbitraire et inconscient*. Limoges: Lambert-Lucas, 2005.

TESTENOIRE, P.-Y. *Ferdinand de Saussure à la recherche des anagrammes*. Limoges: Lambert-Lucas, 2013a.

_____. *Anagrammes homériques*. Éditions Lambert-Lucas, 2013b.

_____. "O que as teorias do discurso devem a Saussure". Trad. Carlos Piovezani. In: CRUZ, M. A.; PIOVEZANI, C.; TESTENOIRE, P.-Y. (orgs.). *Saussure, o texto e o discurso. Cem anos de heranças e recepções*. São Paulo: Parábola Editorial, 2016.

_____. A sombra do Curso (1960-1980). *Leitura*, n. 62, 2019, p. 394-414.

TOUTAIN, Anne-Gaëlle. *"Montrer au linguiste ce qu'il fait"*: une analyse épistémologique du structuralisme européen (Hjelmslev, Jakobson, Martinet, Benveniste) dans sa filiation saussurienne. Thèse Doctorat, Paris-Sorbonne, 2012.

TRABANT, J. "Faut-il défendre Saussure contre ses amateurs? Notes sur l'etymologie saussurienne". *Langages*, n. 159, 2005, p. 111-124.

_____. "Saussure contre le *Cours*". In: RASTIER, F. (org.). *De l'essence double du langage et le renouveau du saussurisme*. Limoges: Lambert-Lucas, 2016.

_____. "O Curso em busca de autor". *Leitura*, n. 62, 2019, p. 381-393.

TURPIN, B. "Discours, langue et parole. Une comparaison entre la réflexion sur les anagrammes et les études sur les legendes". *LINX*. v. 7, 1995, p. 301-312.

TURPIN, B. (2003). "Légendes et récits d'Europe du Nord: de Sigfrid à Tristan". *Cahiers de L'Herne* – Ferdinand de Saussure. Paris: Éditions de L'Herne, n. 76, 2003, p. 351-429.

VILLANI, P. "Documenti saussuriani conservati a Lipsia e a Berl". Cahiers Ferdinand de Saussure. n. 44, 1990, p. 03-33.

WHITNEY, W. D. *A vida da linguagem*. Trad. Marcio Alexandre Cruz. Rio de Janeiro, Petrópolis: Vozes, 2010.

Valdir do Nascimento Flores **157**

Referência dos textos saussurianos

SAUSSURE, Ferdinand de. *Cours de linguistique générale (1908-1909)*. Editado por Robert Godel. *Cahiers Ferdinand de Saussure*. n. 15, 1957, p.03-103.
SAUSSURE, Ferdinand de. "Souvenirs de F. de Saussure concernant sa jeunesse et ses études". Editado por Robert Godel. *Cahiers Ferdinand de Saussure*. n. 17, 1960, p. 12-25.
SAUSSURE, Ferdinand de. "Lettres de Ferdinand de Saussure à Antoine Meillet". Editado por Émile Benveniste. *Cahiers Ferdinand de Saussure*. n. 21, 1964, p. 89-130.
SAUSSURE, F. de. *Curso de linguística geral*. Organizado por Charles Bally e Albert Sechehaye com a colaboração de Albert Riedlinger. Trad. Antônio Chelini, José Paulo Paes e Isidoro Blikstein. São Paulo: Cultrix, 1975.
SAUSSURE, F. de. *Cours de linguistique générale*. Edição crítica preparada por Tullio De Mauro. Paris: Payot, 1976.
SAUSSURE, F. de. *Cours de linguistique générale*. Edição crítica de Rudolf Engler. Tomo I. Wiesbaden: Otto Harrassowitz, 1989.
SAUSSURE, F. de. *Cours de linguistique générale*. Edição crítica por Rudolf Engler. Tomo II. Wiesbaden: Otto Harrassowitz, 1990.
SAUSSURE, F. de. *Écrits de linguistique générale*. Edição estabelecida e editada por Simon Bouquet e Rudolf Engler com a colaboração de Antoinette Weil. Paris: Gallimard, 2002.
SAUSSURE, Ferdinand de. *Escritos de linguística geral*. Organizados e editados por Simon Bouquet e Rudolf Engler com a colaboração de Antoinette Weil. Trad. Carlos Augusto Leuba Salum e Ana Lúcia Franco. São Paulo: Cultrix, 2004.
SAUSSURE, Ferdinand de. *Science du langage. De la bouble essence du langage*. Edição crítica, parcial, razoada e aumentada dos Escritos de linguística geral estabelecida por René Amaccker. Genebra: Droz, 2011.

Bibliografia do autor e colaboradores sobre Ferdinand de Saussure

Este livro é o produto de vários anos de estudos da obra de Ferdinand de Saussure. Muito do que vai nele escrito hoje decorre desses estudos, feitos também em companhia de colaboradores. Por esse motivo, listamos abaixo os trabalhos (autoria e coautoria) anteriormente publicados sobre Saussure, pois, de uma forma ou de outra, estão todos contidos neste *A linguística geral de Ferdinand de Saussure*.

BATTISTI, E.; OTHERO, G. A.; FLORES, V. do N. *Conceitos básicos de linguística: sistemas conceituais*. São Paulo: Editora Contexto, 2021.
FIORIN, J. L.; FLORES, V. do N.; BARBISAN, L. B. "Por que ainda ler Saussure?" In: FIORIN, J. L.; FLORES, V. do N.; BARBISAN, L. B. (org.). *Saussure*: a invenção da Linguística. São Paulo: Contexto, 2013, p. 7-20.
FLORES, V. do N. "Ler Saussure hoje: o Curso e os anagramas". *Nonada*. n. 3, 2003, p. 43-60.
FLORES, V. do N. "Sobre a fala no *Curso de linguística geral* e a indissociabilidade língua/fala". In: BARBISAN, L. B.; DI FANTI, M. G. (orgs.). *Enunciação e Discurso: tramas de sentidos*. São Paulo: Contexto, 2012, p. 188-196.
FLORES, V. do N. "Ensinar Saussure? Sim, mas como?". In: REBELLO, L.S.; FLORES, V.N. (orgs.). *Caminhos das letras: uma experiência de integração*. 1ed.Porto Alegre: Editora do IL/UFRGS, 2015, p. 124-139.
FLORES, V. do N. "Do signo ao vocábulo: aspectos saussurianos da linguística mattosiana". In: BEIVIDAS, W.; LOPES, I. C.; BADIR, S. (org.). *100 anos com Saussure. Textos de Congresso Internacional* - tomo 1. São Paulo: AnnaBlume Editora, 2016, p. 227-242.
FLORES, V. do N. "Os ditos e os escritos de Ferdinand de Saussure: uma reflexão sobre a pesquisa com fontes documentais complexas". In: CRISTIANINI, A. C.; OTTONIGS, M. A. R. *Estudos linguísticos:* teoria, prática e ensino. Uberlândia: EDUFU, 2016, p. 63-72.
FLORES, V. do N. "O que há para ultrapassar na noção saussuriana de signo? De Saussure a Benveniste". *Gragoatá*. v. 22, 2017, p. 1005-1026.
FLORES, V. do N. *Saussure e Benveniste no Brasil. Quatro aulas na École Normale Supérieure*. São Paulo: Parábola Editorial, 2017.
FLORES, V. do N. "Comentários sobre as traduções da *Nota sobre o discurso* de Ferdinand de Saussure no Brasil: elementos para leitura da 'Nota'". *Leitura*. n. 62, 2019b, p. 173-190.

158 A linguística geral de Ferdinand de Saussure

FLORES, V. do N. *Problemas gerais de linguística.* Petrópolis: Vozes, 2019a.

FLORES, V. do N.; CARDOSO, J. L. "Linguística e distúrbio de linguagem: Atualidades do pensamento de Ferdinand de Saussure". *Nonada: Letras em Revista.* v. 20, 2013, p. 81-101.

FLORES, V. do N. "'Mostrar ao linguista o que ele faz'. As análises de Ferdinand de Saussure". In: FIORIN, J. L.; FLORES, V. do N.; BARBISAN, L. B. (orgs.). *Saussure:* a invenção da linguística. São Paulo: Editora Contexto, 2013.

FLORES, V. do N.; ENDRUWEIT, M. "Da diversidade das línguas à língua: notas de leitura do Curso de Linguística Geral". In: PINHEIRO, C.; OLIVEIRA, E. C.; LIMA, M. H. A. (orgs.). *Diálogos. Saussure e os estudos linguísticos contemporâneos.* Natal: EDUFRN, 2015, p. 89-112.

FLORES, V. do N.; HOFF, S. L. "Saussure em francês e Saussure em português: eles dizem (quase) a mesma coisa?". *Revista Todas as Letras.* v. 22, 2020, p. 1-16.

FLORES, V. do N.; MILANO, L. E. "Qu'est-ce que l'on peut dire encore sur en héritage? Saussure et Jakobson". In: CRUZ, M. A; PIOVEZANI, C.; TESTENOIRE, P.-Y. (org.). *Le Discours et le texte:* Saussure en héritage. Paris: Harmattan, 2016, p. 43-64.

FLORES, V. do N.; NUNES, P. A. "Linguística da enunciação: uma herança saussuriana?". *Organon.* v. 21, 2007, p. 199-209.

FLORES, V. do N.; MILANO, L. E. "O que ainda se pode dizer sobre uma herança? Saussure e Jakobson". In: CRUZ, M. A; PIOVEZANI, C.; TESTENOIRE, P.-Y. (org.). *Saussure, o texto e o discurso:* cem anos de heranças e recepções. São Paulo: Parábola Editorial, 2016, p. 39-60.

FLORES, V. do N.; TEIXEIRA, M. "Saussure, Benveniste e a teoria do valor: do valor e do homem na língua". *Letras & Letras.* v. 1, 2009, p. 73-84.

FLORES, V. do N; BARBISAN, L. B. "Sobre Saussure, Benveniste e outras histórias da linguística. In: FLORES, V. N; BARBISAN, L. B. (orgs.). *Convite à linguística.* São Paulo: Contexto, 2009, p. 7-22.

FLORES, V. do N. "Saussure e Benveniste: da teoria do valor à teoria do homem na língua". In: LIMA, M. A. F.; ALVES FILHO, F.; COSTA, C. S. S. M. (orgs.). *Colóquios linguísticos e literários:* enfoques epistemológicos, metodológicos e descritivos. Teresina: EDUFPI, 2011, p. 13-30.

FLORES, V. do N. "Notas para uma leitura do antropológico no Curso de Linguística Geral". In: Carlos Alberto Faraco. (org.). *O efeito Saussure:* cem anos do Curso de Linguística Geral. São Paulo: Parábola Editorial, 2016, p. 73-89.

FLORES, V. do N. "Saussure é mesmo estruturalista? Atualidades do pensamento de Ferdinand de Saussure". In: BURITI Jr., A.; XHAFAJ, D. C. P.; OLIVEIRA, L. C.; GUIMARÃES, N. S.; PEDRALLI, R. (orgs.). *Estruturalismos, pós-estruturalismos e outras discussões.* Curitiba: Editora CRV, 2016, p. 21-28.

FLORES, V. do N. *Saussure e a tradução.* Brasília: Editora UnB, 2021.

LODER, L.; FLORES, V. do N. "Ferdinand de Saussure e a sociologia durkheimiana. *Organon.* v. 40-41, 2006, p. 226-235.

RIZZATTI, M. E. C.; FLORES, V. do N. "O Curso de Linguística Geral: o valor e a instauração de uma linguística do sentido". *DLCV.* Revista do Departamento de Letras Clássicas e Vernáculas, v. 4, 2006, p. 9-35.

O autor

Valdir do Nascimento Flores é professor titular de Língua Portuguesa e Linguística da Universidade Federal do Rio Grande do Sul (UFRGS). Realizou estudos de pós-doutorado na Université de Paris XII e na Université de Paris X. Foi professor visitante no Institut des Textes et Manuscrits Modernes (ITEM – CNRS/ENS) na França, onde ministrou cursos sobre a recepção das ideias de Saussure e Benveniste no Brasil. É membro do Cercle Ferdinand de Saussure, com sede em Genebra (Suíça), editor da editora da Abralin (juntamente com Gabriel de Ávila Othero) e pesquisador do CNPq. Pela Contexto, é organizador dos livros *Dicionário de Linguística da Enunciação* e *Saussure*, e coautor de *Enunciação e discurso*, *Semântica, semânticas: uma introdução*, *Introdução à Linguística da Enunciação*, *Enunciação e gramática*, *Conceitos básicos de linguística: sistemas conceituais* e *Conceitos básicos de linguística: noções gerais*.

GRÁFICA PAYM
Tel. [11] 4392-3344
paym@graficapaym.com.br